Francisco Gomes Sobrinho

Conceito de liderança

Francisco Gomes Sobrinho

Conceito de liderança

Liderança bíblica

CREDO EDICIONES

Imprint

Cover image: www.ingimage.com

Publisher:
CREDO EDICIONES
ist ein Imprint der / is a trademark of
International Book Market Service Ltd., member of OmniScriptum Publishing Group
17 Meldrum Street, Beau Bassin 71504, Mauritius

Printed at: see last page
ISBN: 978-613-1-97694-0

LIDERANÇA SEGUNDO A BÍBLIA!

Líder não é aquele que lidera os submissos, líder é aquele que tem autoridade, carisma e amor para comandar e conquistar outras pessoas. O líder além de ser comandante é também um incentivador de projetos e articulador de competições e crescimento. Liderança é a função que o líder desenvolve a fim de formar outros lideres para crescimento dos seus liderados. O líder tem um caráter de ascendência e de posição elevada.

OBJETIVO.

1. Despertar interesse de pessoas a fim de forma novas lideranças na igreja de nosso Senhor e Salvador Jesus Cristo;
2. Capacitar os líderes que já estão em exercícios ou função de liderança no ministério da igreja local;
3. Focalizar as principais atividades ministeriais de todos os lideres que estão envolvidos com todos os departamentos de ensinos ou discipulados da igreja.
4.

CONTEÚDO PRAGMÁTICO.

1. A liderança é para toda a igreja, membros batizados.
2. Integridade é o coração da liderança na igreja.
3. A questão dos dons espirituais, eclesiologia e liderança.
4. Lideres fora do padrão como trabalhar com eles.
5. Qualidades essenciais de um líder cristão.
6. O estilo de liderança do Senhor Jesus como ele lidou com as questões de indisciplina.
7. Descubra seu estilo de liderança, cada líder tem que ter seu próprio estilo de liderar.
8. Os diferentes níveis de liderança na igreja cristã.

9. Liderança com motivação e criatividade.
10. O desafio permanente da excelência bíblica na vida do líder.
11. Ninguém faz sucesso sozinho, como desenvolver elos de amizades.
12. A importância de um bom planejamento.
13. Aceite o desafio de liderança de sua igreja.

ATIVIDADES PROGRAMADAS.

1. A importância de uma vida de oração e atividades bíblicas que envolvam ação e crescimento espiritual da igreja.
2. A busca por base que envolva interesse por aqueles que estão perdidos em busca do conhecimento, da verdade absoluta das Sagradas Escrituras;
3. O desempenho do amor e da comunhão para o crescimento mutuo de todos os liderados dentro de uma visão eclesiástica celestial.

BASES BÍBLICAS PARA LIDERANÇA CRISTÃ!

Se tornar um cristão é receber de Deus um convite para se transformar em um líder por excelência. O Senhor Jesus ao começar seu ministério já começa recrutando pessoas para liderança; e depois, continua permanentemente investindo sua vida em líderes chamando-os como discípulos. Ele chamou os doze apóstolos, depois os setenta; inúmeras pessoas que, após serem curadas por ele, foram também, enviadas a pregar e testemunhar dos seus grandes feitos.

Portanto, aí está o grande desafio e ao mesmo tem o grande desejo de Deus para sua vida: ser um líder! Neste pequeno trabalho, quero apresentar algumas ferramentas para sua capacitação, bem como algumas diretrizes para você trilhar nesta caminhada.

Encontramos algumas referências bíblicas que são importantes, e é necessário que se faça uma pequena analise de cada um destes textos.

Pois com certeza esses textos nos apresentam alguns desafios que se tornarão indispensáveis no entendimento da nossa chamada ao ministério pastoral.

1. Mateus 5:13-16 – São usadas duas metáforas, para representar a importância e o caráter do líder no desempenho de suas funções.
2. Mateus 28:18-20 – A veracidade dos cuidados de Deus por meio de Jesus Cristo na função do discipulado, onde Jesus Cristo se apresenta como condutor de uma nova e eterna aliança que prevalece para sempre.
3. Mateus 5:48; Filipenses 2:15 – A formação do caráter do líder, é determinado pela busca de uma verdadeira identidade para a formação do corpo de Cristo, a igreja.
4. II Timóteo 2:2 – Aqui o apóstolo Paulo apresenta alguns aspectos que são indispensáveis ao treinamento, são os exemplos que deve ser seguido na formação de um líder de caráter formado pela vontade soberana de Deus.
5. Efésios 4:11-14 – É enfatizado o que o Senhor Jesus Cristo elaborou para sua igreja, alguns lideres que buscasse o aperfeiçoamento de todos os seus santos.

1. LIDERANÇA É UM DESAFIO PARA TODOS NA IGREJA!

1. Alguns se tornam lideres porque possuem qualidades inatas de liderança, outros, que não as possuem, vêm a ser excelentes lideres mediante treinamento específico. Contudo, mesmo os lideres natos precisam de aperfeiçoamento, pois ninguém nasce totalmente preparado para tal tarefa ou incumbência.

2. A verdade é que poucas pessoas podem ser consideradas lideres natos. Mas qualquer um tem potencial. Eu acredito que você possa ser tornar um líder melhor, independentemente da sua idade, sexo, estado civil ou profissão.
3. Se você quer ser um líder, a boa noticia é que você pode realmente ser. Todos têm potencial para tal tarefa, mas não é algo que alcance da noite para o dia. Exige perseverança, confiança e expectativa. E você não pode ignorar, de modo nenhum, a lei do processo. Liderança não se desenvolve num só dia ou de um dia pra noite. Demanda toda uma vida. Comece já!

1. Liderar é existir!

Liderar é influenciar pessoas! Disse: Oswald Sanders, em seu livro "Liderança Espiritual", ele afirma que "Liderança é influência". Os sociólogos dizem que até mesmo uma pessoa introvertida, ao término de sua vida, terá influenciado, em média, mais de dez mil pessoas. Se você é um cristão, então você é um líder; Mateus 5:13-16; Filipenses 2:15. Agora pense no que pode fazer alguém que, intencionalmente, quer influenciar pessoas como ordenou o Senhor Jesus aos seus discípulos. Encontramos nas Sagradas Escrituras um chamado constante à liderança. Adão foi o primeiro a ser chamado para liderança, apenas não o fez na plenitude da vontade de Deus. Subverteu a ordem deixada por Deus, que era liderar sob a liderança maior dele, sendo, também, o primeiro a fracassar; e, desde então, todos fomos afetados. Eva foi uma líder, a ponto de ofuscar a liderança de seu marido, tendo que, penosamente, aprender com seu próprio fracasso, sendo uma liderança de grande impacto negativo.

Desde então, cada ser criado à imagem e semelhança de Deus vem ao mundo com um chamado a restaurar seu potencial de liderança estragado por Adão e seu pelo pecado. Lendo Gênesis 1:26-31, descobrimos que você e eu nascemos para liderar. A forma como cada um encara este convite de Deus se transforma um líder na história de suas vidas. Abel, o líder que se volta para Deus com uma motivação correta e deixa grande influência para um culto verdadeiro; enquanto Caim abre mão desse convite divino e se deixa levar pelos seus instintos, querendo ser o líder e senhor do seu próprio destino. A partir de então, a história da humanidade é a história do chamado de Deus a cada ser humano para liderar debaixo de sua influência, alcançando todo o seu potencial e toda a sua realização, que é a sua própria glória. O exemplo negativo de liderança de Caim desemboca em Lameque, com sua triste história. Sete, sucessor, e possivelmente sob o impacto da vida de Abel, dá-nos a linda história que se segue: Enos, Noé, Abraão e Sara, Ló, Isaque e Rebeca, Jacó e Raquel, José e seus onze irmãos; enfim, a partir daí a história da humanidade é a história do que cada um fez com seu chamado à liderança.

O propósito deste material é incentivar e facilitar o surgimento de lideres em nossas igrejas e no ministério cristão da igreja local. Primeiro, porque Deus assim o quer; e, segundo, porque, em Cristo Jesus, Deus resgatou em você todas as possibilidades de ser um líder segundo o coração dele, influenciando pessoas para transformar o mundo e, acima de tudo, colocando-as no seu reino. Quero que você descubra através das Sagradas Escrituras, os melhores princípios bíblicos ou bases para liderança e os coloque em prática, não importando se você é um líder nato ou não. O que irá importar, realmente, é que você creia em seu chamado e nestes princípios, desenvolvendo seu potencial de líder, nato ou não, até ao máximo, pois, para isso, você tem, agora, o Espírito Santo conduzindo esta obra em sua vida. A sua história de vida e discipulado cristão serão medidos em relação ao nível a que você irá chegar nesta caminhada; Pois conforme o Dr. Maxwell diz em sua famosa obra a "Lei da Tampa"; A eficácia da vida de uma pessoa está diretamente relacionada à sua capacidade de liderança.

2. ONDE APRENDER SOBRE LIDERANÇA........

Quem nos chamou para a liderança?

Quem, através da obra realizada em nós e por nós, em Cristo Jesus, quer nos transformar em lideres? Quem o maior modelo de liderança?

Quem possui as mesmas qualidades e virtudes de liderança que quer ver em todos nós?

Com certeza Deus, o Pai, encarnado na pessoa de seu Filho Jesus Cristo! São dele estas palavras: "Porque eu vos dei exemplo, para que, como eu vos fiz, façais vós também"; João 1:15. Não apenas devemos ir para as Sagradas Escrituras para aprender sobre liderança, uma vez que Deus Pai em Cristo Jesus é o nosso exemplo maior; mas, também, por ser ela o maior manual deixado por ele com tudo o que quer que aprendamos sobre este tema; e, ainda, por possuir as biografias de todos os seus servos que devem nos inspirar e servir de modelos quanto à liderança. Alguns deles servem de modelo até mesmo para o mundo secular e para os grandes estudiosos do tema "liderança", tai como Jetro, José, Davi, Neemias, Paulo, sem falar na figura incomparável do maior de todos os lideres: Jesus.

Eu sei que o mundo da política, com seus estadistas famosos; do empresariado, com seus exemplos de dedicação, perseverança e superação exemplificados nas figuras de seus grandes executivos; bem como da indústria do entretenimento, com suas fabricas de ídolos, são uma grande tentação como fonte para o aprendizado sobre liderança; pois, afinal, ali parece estar o que há de mais especifico, direto, próprio da liderança. No entanto, este modelo de liderança não serve para o cristão; pois, o que para eles é sinônimo de sucesso, para o cristão, muitas vezes, é exemplo máximo de fracasso, já que nossos valores são outros bem diferentes; como, também, tão claramente nos ensinou o Senhor Jesus Cristo: "Levantou-se também entre eles contenda, sobre qual deles parecia ser o maior. Ao que Jesus lhes disse: Os reis dos gentios dominam sobre eles, e os que sobre eles exercem autoridade são chamados benfeitores. Mas vós não sereis assim; antes o maior entre vós seja como o menor; e quem governa como o menor; e quem governa com quem serve. Pois qual é maior, quem está à mesa, ou quem serve? Porventura não é quem está à mesa? Eu, porém, estou entre vós como quem serve"; Lucas 22:24-27.

Portanto, o maior compêndio para o curso de liderança está na Bíblia, como sempre esteve por séculos e milênios de anos. Você tem nas Sagradas Escrituras uma ferramenta com o poder de mudar o curso de toda a história de sua vida quanto a crescer em liderança, tornando-se um líder espiritual de grande valor. Nada, você encontra os princípios de uma liderança eficaz traçados por Deus: atitude positiva, autodisciplina, caráter, carisma, competência, comprometimento, comunicação, coragem, discernimento, ser educado, mestre, manter o foco, generosidade, iniciativa, saber ouvir, ter paixão, manter relacionamentos saudáveis, ter responsabilidade, segurança, altruísmo, ser um solucionador de problemas, te grande visão. Você uma Bíblia?

"Então tem tudo de que irá precisar para desenvolver as habilidades do seu curso de liderança".

3. INTEGRIDADE É O CORAÇÃO DA LIDERANÇA CRISTÃ!

"É necessário, pois, que o bispo seja irrepreensível"; I Timóteo 3:2. Qual a relação entre integridade e liderança cristã?

Não creio que ser líder seja tanto uma questão de pregar, ensinar, conduzir pessoas, projetos ao alcance de alvos, resultados; mas, também, de ser visto observado, exercer atração. Todo o projeto redentor de Deus no Velho Testamento estava, basicamente, sustentado no principio da atração; e, no Novo Testamento, não sofreu alteração; a ênfase no "ide" anda junto com o "venha e veja"; Mateus 5:13-16; Filipenses 2:15.

Muitas vezes somos tentados a valorizar, na liderança, apenas o lado da vocação, dos dons, da paixão por Deus e por vidas humanas, e esquecemos algo inerente a tudo isso: A INTEGRIDADE DO PASOTR E DO OBREIRO. A crise que a igreja de hoje atravessa não é outra se não a falta de obreiros, líderes, gigantes, valentes, com relação à integridade. Os nossos heróis, hoje, os grandes, são mais conhecidos pelas suas falhas do que pelas suas virtudes.

O propósito deste material é fazer com que você entenda que a essência, o coração da liderança cristã, seja ela pastoral, missionária, de ensino, social ou em qualquer outra área, é a integridade.

Um líder tem que ser irrepreensível! Veja como o apostolo Paulo se refere a Timóteo e a Epafrodito, no livro de livro de Filipenses 2:19-30: "Porque a ninguém tenho de igual sentimento que, sinceramente, cuide dos vossos interesses; Conhecereis o seu caráter provado; Meu irmão, cooperador e companheiro de lutas; Honrai sempre a homens como esse; visto que, por causa da obra de Cristo, chegou ele às portas da morte e se dispôs a dar a própria vida". A si mesmo, em I Tessalonicenses 2:10. "Vós e Deus sois testemunhas de quão santa e irrepreensivelmente nos portamos para convosco que credes".

A importância da língua grega é muito grande para a compreensão de determinadas palavras, a menos que você lance mão de diversas versões. Irrepreensível: alguém que não possa ser acusado de nada, ser apanhado em alguma culpa, alguém que esteja além da possibilidade de ser apanhado em alguma falta, em algum escândalo, em algum vício. Ser modelo em todas as áreas. Ainda bem que não é ser alguém sem defeito, mas com integridade de caráter, integridade pessoal. Você pode ser alguém com defeitos e, ao mesmo tempo, não ser passível de repreensão.

Gosto de pensar neste texto fazendo um paralelo com Gálatas 5:22 em diante. Assim como o fruto do Espírito é: "Amor, gozo, paz, longanimidade, benignidade, bondade, fidelidade, mansidão, domínio próprio"; o fruto da integridade, da irrepreensibilidade é tudo aquilo que o apóstolo Paulo arrola como necessário ao caráter do líder. Se ele for íntegro. Irrepreensível, tudo o mais será consequência.

Calvin Rychener faz menção do livro The Leadearship Challenge (O desafio da Liderança), em que seus autores James M. Kouzes e Barry Z. Postner fazem referencia a um estudo patrocinado pela American Management Association, em que 1.500 gerentes nos Estados Unidos da América foram entrevistados para responderem a seguinte pergunta: Que valores você procura em seus supervisores? Dentre mais de 225 valores, traços e características, o valor número um foi INTEGRIDADE. O interessante é que não foi uma pesquisa entre líderes cristãos, especificamente.

POR QUE A INTEGRIDADE É O CORAÇÃO DA LIDERANÇA CRISTÃ? POR QUE A INTEGRIDADE É ESSENCIAL À LIDERANÇA CRISTÃ?

Sem integridade você não é nem sal, nem luz, nem astro e nem que estrela que brilha; não permitindo que as pessoas glorifiquem a Deus através do seu testemunho; e, aí, você precisa gritar. Uma das características do ministério de Jesus em Isaías 42 é que ele não gritaria e nem ouvir sua voz nas praças. Liderança é como um crédito que você recebe da sua organização ou das pessoas e vai para uma contar bancária. Você pode sacar até àquele limite. Cada falha, cada tropeço, que pode ser associado ao seu caráter, equivale a um saque. Alguns fazem pequeninos saques e restauram o crédito, pedindo desculpas, perdão, restaurando relacionamentos; mas, às vezes, o saque grande que não dá para restaurar o crédito. Quando o líder ultrapassa seu limite de crédito, ele passa a ser visto pela instituição ou pelas pessoas como devedor, inadimplente, possível caloteiro. Ele perde sua sustentação, sua credibilidade, e não tem mais como liderar. A partir muitos fazem malabarismos e continuam liderando, mas as consequências são desastrosas, tanto para ele, como para sua família, como para organização ou para as pessoas.

Observe que os saques que o apóstolo Paulo coloca como quebra da visibilidade e sustentação dessa integridade do líder são tão grandes que, se acontecerem, ele não tem mais como liderar de forma sadia.

Veja: A incapacidade de mante seu matrimônio é um saque muito alto. Não há maior teste para a integridade de um líder do que como ele administra sua vida conjugal! Falhar nesta área, segundo os padrões bíblicos, deixa o líder sem crédito diante da organização, ficando seu saldo devedor. A falha pode até não se referir à sua integridade do ponto de vista moral, mas afeta aquilo que chamamos de irrepreensibilidade do ponto de vista de ser modelo, padrão.

A falta de honestidade é outro problema. Ser honesto é ser transparente diante de Deus, dos homens e para consigo mesmo. Refere-se à verdade no íntimo. Ser honesto é não faltar com a palavra, com a verdade, para com Deus, para com a igreja ou a organização que você lidera, para com os homens. Alguém disse que ser honesto nas pequeninas coisas, não é uma pequenina coisa! A honestidade nos permite construir uma grande conta bancária para com aqueles que lideramos; pois, através dela, as pessoas fazem depósitos em sua liderança, em sua conta, e você passa a ter crédito para as eventuais falhas; mas alguns saques nesta área custam muito caro!

Vou juntar muitas das más qualidades que o apóstolo Paulo cita neste texto, em poucos adjetivos para facilitar. Um líder briguento, descontrolado, língua solta, dominado por algum vício (e não estou falando apenas de cigarro, bebida alcoólica ou outro tipo de vício), avarento, faz saques além de qualquer limite de crédito. Com certeza ficará no vermelho em muito pouco tempo.

Um líder que não governa bem sua própria casa, e não se trata somente de esposa e filhos, mas de sua própria vida (A Bíblia "A mensagem" traz a seguinte versão: Administrar bem seus próprios negócios), faz saques muito grandes, muito altos. Conheço um pastor, já com certa idade, que poderia está aposentado, mas está numa situação financeira muito difícil, dependendo de favores dos outros. Pastoreou algumas igrejas muito boas e por muitos anos. Por que não pagou o INSS? Pelo menos sobre um ou dois salário mínimo? Erou com o fisco, com as igrejas, consigo mesmo e com a sua própria família. Volto a afirmar. Não há maior teste para nossa integridade do que como administramos nossa vida conjugal e o relacionamento com nossa esposa e filhos! Um líder tem que ser um bom administrador da sua própria casa, o que inclui sua vida; pois, caso contrário, fará grandes saques e ficará com saldo negativo em sua liderança.

Se ele for neófito, irá se embriagar, se envaidecer com os elogios do povo, com certas honrarias, que muitas vezes são bajulação; se não tiver um bom testemunho dos de fora; então seus saques serão enormes e sua liderança ficará descapitalizada, sem crédito.

Construir uma liderança ou desenvolver o ministério cristão sem integridade é como construir uma casa sem alicerce ou, como Jesus disse: sobre a areia. É por isso que muitos caem!

ALGUMAS ÁREAS EM QUE A INTEGRIDADE SE REVELA.

Calvin Rychener, da Northwoods Community Church, num trabalho seu denominado "O Coração da Liderança", apresenta algumas sugestões que adaptei e desenvolvi um pouco mais.

- Líderes íntegros têm convicções moldadas no caráter, ao invés de moldadas na cultura.

Uma boa ilustração foi o que aconteceu com o divórcio. Primeiro ele passou pela calçada da igreja e os evangélicos disseram: Aqui não entra! Depois ele entrou para o hall de entrada, depois sentou no último banco, depois foi para frente e hoje está em nossos púlpitos. No ano passado, uma jovem leiloou sua virgindade. O que isso tem a ver com o nosso tema? A sociedade com sua cultura vão impondo novos valores, novos padrões a cada dia. Chega um momento em que cada líder tem que fincar uma estaca irremovível quanto às suas convicções, que devem estar ancoradas na palavra de Deus.

- Líderes íntegros têm convicções centradas em princípios e não na popularidade como nossos políticos e muitos e muitos pregadores. O líder cristão foi chamado para ser o "sal da terra" e não o "docinho de coco do mundo". SE diante das pressões, das tempestades, das dificuldades, você quebrar princípios, abandonar suas convicções, então você não é um líder que tem integridade! Alguém já disse: Em questões de princípios, fique firme como uma rocha. Em questões de gosto, vá com a correnteza.

- Líderes íntegros têm coerência, o que se refere à harmonia, à concordância entre o falar e o fazer; entre o particular e o púlpito; entre o lar e o púlpito. Seu caráter deve corresponder à mensagem que prega. Quando isso não acontece, começa a haver trincas no alicerce; e, ai, mais cedo ou mais tarde a casa vai cair. Calvin Rychener em seu trabalho já citado sugere três testes para averiguar nosso nível de coerência: o do lar, o da câmara escondida e o das nossas conversas particulares. Quantos de nós continuaríamos fazendo o que fazemos como líderes, se um vídeo mostrasse nossa vida particular ou na intimidade do lar na semana que findou?
- Líderes íntegros trabalham de forma saudável com sua humanidade. Há muitos líderes vivendo vidas secretas, fantasiosas, utópicas (vezes por outras somos surpreendidos com vídeos que mostram aspectos secretos, escandalosos de muitos líderes). Na vida de um líder, não há nada escondido. Ele está sempre disposto a dizer: Eu estava errado! Perdoa- me! Revelar realmente que é! Ele está sempre num processo de construção: por Deus e pelos homens. Ralph Emerson disse: "Todo homem que encontro é superior a mim em alguma coisa; e neste particular, posso aprender dele!". Ele tem consciência das suas limitações!
- Líderes íntegros estão prontos a prestar contas. Uma das áreas frágeis da liderança cristã, hoje, é a independência dos obreiros, devido às novas estruturas eclesiásticas que estão surgindo, sendo implantadas por obreiros que não estão querendo prestar contas. Alguém já disse que "O poder do pecado está em sua natureza secreta!"

- Líderes íntegros possuem confiabilidade, o que diz respeito à credibilidade que você tem junto à sua organização, aos seus colegas, à sua denominação; à sua moral perante a comunidade em função da sua constância em relação aos seus valores e princípios. Tem que haver previsibilidade quanto a como um líder irá responder reagir diante das dificuldades; pois não há nada pior do que, quando você mais precisa do seu líder, ele cair fora, deixar você na mão. Tem que haver previsibilidade quanto a se um líder irá permanecer comprometido diante das adversidades; ou como ele irá reagir.

CONCLUSÃO.

Todas as vezes que você comprometer sua integridade, você estará comprometendo sua liderança. Integridade tem a ver com submissão a Cristo Jesus; com o padrão de servo; com o padrão de mordomia; com o padrão de felicidade.

Você já parou para pensar em quantas vidas o apóstolo Paulo ainda ganha para Cristo sem pregar um único sermão?

Sem fazer um único apelo?

Quantos sermões você já ouviu sobre a vida de José? Daniel?

Eu já alguns sermões sobre as vidas de Epafrodito, Timóteo, Epafras. Algumas biografias são muito fortes para nós: Hudson Taylor, Spurgeon, Wesley, aqueles avivalistas dos séculos XIX e XX.

- Não importa quão admiráveis são seus dons naturais. Você se lembra de Sansão? De Saul? De Salomão? Apesar da chamada divina, de um bom começo, dos dons naturais, todos fracassaram por causa da falta de integridade.
- Não importa quão bem sucedido, aparentemente, você esteja sendo no momento. Você se lembra de Gideão e sua estola sacerdotal? Não somos chamados apenas para começar bem; mas, também, para terminar bem, e isso exige integridade.

- Não importa quão impressionante sua reputação pareça estar sendo na superfície. Você se lembra de Saul? Sem integridade, você estará construindo a base da sua liderança, do seu ministério, sobre a areia; e como disse Jesus: "Quando os eventos soprarem, os rios subirem, ela virá abaixo"; mas com integridade, você poderá abusar da frase "sede meus imitadores", como tantas vezes disse o apóstolo Paulo, porque a marca da sua liderança, do seu ministério cristão, da sua obra missionária era ser um "imitador do Senhor Jesus Cristo". Construir uma liderança sem integridade é como construir uma casa sem alicerce, uma casa na areia: é por isso que muitos caem!

4. ACERCA DOS DONS, A IGREJA E LIDERANÇA! A QUESTÃO DOS DONS

Creio que podemos ter uma visão completa dessa doutrina a partir dos seguintes textos: I Coríntios 12; Romanos 12:3-8; Efésios 4:7-16; I Pedro 4:10-11. É claro que há muitas questões para as quais gostaríamos de ter respostas, tais como: Como reconhecer, identificar meu dom? Quando o crente recebe o dom? É na conversão ou ele já está associado às suas aptidões e ou talentos naturais desde sua concepção e na conversão, o Espírito Santo apenas o habilita a usá-lo para a glória de Deus? Os textos bíblicos não nos capacitam a responder a todas estas perguntas.

- O que podemos afirmar com segurança?

A partir destes textos, com certeza absoluta e de forma contundente, podemos afirmar que:

- O corpo não é formado por apenas um só membro; I Coríntios 12:12-14; Romanos 12:4- 5.
- O corpo, a igreja, é o corpo de Cristo Jesus; I Coríntios 12:27; pelo que a igreja local precisa entender que sua função, seu propósito é ser o corpo

do Cristo vivo, realizando sua vontade aqui na terra. O que Cristo fez na terra? É exatamente isso que ela deve fazer;

- Se a igreja é o corpo de nosso Senhor Jesus Cristo, então ela é completa. Nenhum dom lhe falta; I Coríntios 1:4-9; I João 1:20,27.
- Nenhum membro do corpo tem todos os dons; Romanos 12:3-6; I Coríntios 12:12-26.
- Nenhum membro do corpo de Cristo ficou sem um corpo; Romanos 12:3-6; I Coríntios 12:12-26.
- Cada membro do corpo é essencial, necessário a ele; I Coríntios 12:22; Efésios 4:12-16;
- Os membros obedecem à cabeça que é Cristo; Efésios 5:23;
- Os membros são diferentes e têm funções totalmente diferentes; I Coríntios 12:13,1; Romanos 12:3-8.

Conclusão.

Se cada membro tem um dom, tem uma função e é necessário, essencial ao crescimento do corpo, então ele é um líder e necessita desenvolver o seu potencial. O pastor é apenas mais um membro com seu dom para ser desenvolvido. Seu papel não é realizar o ministério; mas capacitar, treinar cada membro para que todos, descobrindo e desenvolvendo seu dom ao potencial máximo, realizem de maneira eficiente e completa o ministério.

A esperança de a igreja ministrar às pessoas de sua comunidade e alcançá-las para Cristo Jesus está em recrutar, equipar e engajar o poderoso exército de leigos no ministério e testemunho. A esperança de alcançar nosso mundo para Cristo está em voluntários leigos e em pastores e lideres com vocação dupla disponíveis, para que Deus os envie onde quer que se façam necessários em nome de nosso Senhor Jesus Cristo.

As implicações desta doutrina.

- Todos nós somos sacerdotes, nós, os cristãos não têm clero, sínodo. Todos somos iguais, apenas com dons, ministérios diferentes;

- Nós, pastores, somos apenas servos, ministros, diáconos da igreja quanto ao ministério da palavra, do treinamento, do equipar os santos; Efésios 4:11-12.
- Veja como cometemos equívocos quanto a isso, quando estudamos a questão dos diáconos em Atos 6:1-7. Nesse texto, não há a instituição do diaconato como "função", "ministério", "cargo" especifico como o temos nos dias de hoje. Nele, a palavra é "diakonia"; ou seja, serviço, ministério. O que aconteceu ali foi que os apóstolos disseram: Nós não vamos deixar a "diakonia", o "ministério" da palavra, para nos dedicarmos à "diakonia", ao "ministério" da assistência social. Vamos escolher sete homens para esta tarefa "diakonia", para este "ministério". A partir daquele momento, a igreja tinha: diáconos da "palavra" e diáconos da "assistência social". Tanto é que Estevão e Filipe, que estavam entre os "sete", não se sentiram impedidos de se transformarem em grandes pregadores, evangelistas;
- Nós, os pastores também não têm todos os dons necessários para equipar todos os santos em todas as áreas do discipulado cristão. Este é um dos grandes problemas que impede o crescimento da igreja. Veja que as igrejas Neo-testamentárias tinham um colegiado de pastores, presbíteros e diáconos; Atos 13:1-3; 15:6,22; 20:17; I Timóteo 5:17-20; Tito 1:5;
- Aceite o chamado de Deus para ser um sacerdote no Corpo de Cristo Jesus. Aceite o chamado de Deus para ser um membro com um dom, um ministério, uma função; essenciais, necessários ao crescimento do corpo, a igreja. Aceite seu chamado para ser um líder.

5. LÍDERES FORA DO PADRÃO!

- Moisés, o líder gago ou pesado de língua, inseguro e que lutou contra sua chamada; Êxodo 4:1-17;
- Débora, a "mulher" profetiza, juíza e comandante chefe do exército de Israel, numa sociedade patriarcal e machista; Juízes 4,5;
- Jael, a "mulher" corajosa, por cujas mãos Sísera, comandante do exército do reino de Canaã, Jabim, fora morto de forma extremamente humilhante; Juízes 4:17-24;
- Raabe, a prostituta usada por Deus na conquista de Jericó; Josué 2:2-21; 6:22-25; Hebreus 11:31.
- Calebe, o líder idoso que, aos 85 anos, aceita um novo e tremendo desafio: conquistar a terra de Hebron, expulsando dali seus habitantes, os famosos gigantes enaquins, com suas grandes e fortes cidades; Josué 14:6-15;
- Davi, o rei, profeta, juiz, o homem considerado segundo o coração de Deus, que fora adúltero e assassino;
- Isaías, o profeta pecador; Isaías 6:1-7;
- Jeremias, o profeta que não sabia falara direito e que era ainda uma criança; Jeremias 1:1- 10.

1) Por que Deus escolhe líderes fora do padrão?

Muitas vezes nos tornamos escravos de padrões, regras, comportamentos, valores, que julgamos oriundos da palavra de Deus; quando, na verdade, revelam apenas nossas fraquezas e, até mesmo, nossa dureza de coração e rebeldia contra a genuína vontade de Deus. Outras vezes, as deturpamos ou, então, passamos a dar ênfase a aspectos que nos satisfazem ou protegem a favor de nossos velhos paradigmas. Isso aconteceu e acontece com o povo judeu até hoje, bem como com a igreja de nosso Senhor Jesus

Cristo. Vejam: Como explicar a dureza do coração do povo judeu em aceitar a vocação dos gentios, diante da clareza das profecias bíblicas sobre ela, desde a chamada do patriarca Abraão, reiterada em Isaque e Jacó; tão cristalinas e repetidas em Isaías, Jeremias e tantos outros profetas? No entanto, a igreja de Cristo também tem suas dificuldades. Para ela, o estilo de vida cristã deixado em Atos 2:42-47, reiterado em Atos 4:32-37; não passa de uma utopia. As páginas do Novo Testamento estão cheias de textos afirmando que as igrejas tinham uma multiplicidade de presbíteros (e não estão falando de megaigrejas); todavia, nem nos preocupa uma eclesiologia centralizada num único presbítero. Quando chegamos em Joel 2:28-30, nos apegamos às expressões "velhos e jovens", e esquecemos a expressão "toda carne". Gálatas 3:28 jamais se transforma numa realidade prática quando o assunto é a liderança feminina cm nossas igrejas, esquecendo que, quando lemos Romanos 16:3-16, encontramos inúmeras mulheres associadas à liderança das igrejas, bem como em outras passagens do Novo Testamento.

2) **Por que Deus escolhe e usa pessoas completamente fora do padrão?**

Fundamentados na revelação bíblica, e de forma especifica em alguns destes textos citados, podemos afirmar.

3) **Deus quer o crédito por nossas vitórias.**

No caso de Débora, ela deixa claro que o rei de Canaã tinha novecentos carros de ferro: Juízes 4:1-3; e que, dentre o exército de Israel, não havia nem escudo, nem lança; Juízes 5:8. No caso de Gideão, Deus manda dispensar 32.000 homens e lhe envia à guerra com apenas 300. A razão está clara: Deus quer o crédito por nossas vitórias; Juízes 7:2-8.

Outros exemplos confirmam essa tese: A cidade de Jericó foi destruída a partir do som de trombetas. Sangar matou 600 filisteus com uma aguilhada de bois. Jael usou uma estaca de tenda. Outras figuras são: Cântaros, tochas, uma pedra de moinho, uma queixada de jumento. Aliás, “Deus escolheu as cousas loucas do mundo para envergonhar os sábios, e escolheu as coisas fracas do mundo para envergonhar as fortes; e Deus escolheu as coisas humildes do mundo, e as desprezadas, e aquelas que não são, para reduzir a nada as que são; a fim de que ninguém se vanglorie na presença de Deus”; I Coríntios 1:27-28. Deixemos de ter líderes em nossas igrejas, à frente de ministérios abençoados, porque olhamos com olhos humanos; olhamos o exterior; achamos que a vitória vem “por força e por violência”, e não “pelo Espírito do Senhor” como ele diz em sua Palavra. Não acreditamos que é Deus quem dá a vitória; quem capacita.

Não temos mais vitórias porque queremos levar a glória; quando a glória só pode ser do Senhor.

4) **Para que o pode seja dele.**

Deus quer que confiemos nele, não em nós mesmos e nem em pessoas. Ele quer encher seus líderes, seus ministros com seu poder: “Temos, porém, este tesouro em vasos de barro, para que a excelência do poder seja de Deus, e não da nossa parte. Em tudo somos atribulados, mas não angustiados; perplexos, mas não desesperados; perseguidos, mas não desamparados; abatidos, mas não destruídos; trazendo sempre no corpo o morrer de Jesus, para que também a vida de Jesus se manifeste em nossos corpos; pois nós, que vivemos, estamos sempre entregues à morte por amor de Jesus, para que também a vida de Jesus se manifeste em nossa carne mortal”; II Coríntios 4:7-11; “E ele me disse: A minha graça te basta, porque o meu poder se aperfeiçoa na fraqueza. Por isso, de boa vontade antes me gloriarei nas minhas fraquezas, a fim de que repouse sobre mim o poder de Cristo. Pelo que sinto prazer nas fraquezas, nas injúrias, nas necessidades, nas perseguições, nas angústias por amor de Cristo Jesus. Porque quando estou fraco, então é que sou forte”; II Coríntios 12:9-10. Josafá, em sua guerra contra Moabe e os Amonitas, pôs o coro para cantar, os sacerdotes para louvar, e foi assim que Deus lhe deu a vitória.

Nós temos dificuldade de deixar uma criança, um adolescente, um jovem, ou até mesmo um adulto desesperado intelectualmente fazer a obra, mesmo quando se trata de pessoas tementes a Deus, consagradas, porque, no fundo, achamos que o sucesso da obra dependerá da nossa eficiência, do nosso poder. É exatamente aí que temos grandes prejuízos.

5) **Deus sempre quis mostrar que ele não faz acepção de pessoas.**

- Para a salvação: Raabe, Cornélio, o etíope, os egípcios, os samaritanos, qualquer estrangeiro;
- Para ser beneficiado com seus milagres: O centurião com seu criado; a viúva de Sarepta; a mulher siro-fenícia; o siro Naamã;
- Para ser usado por Ele: Melquisedeque, rei de Salém e sacerdote do Deus Altissimo; o servo de Abraão, o damasceno; Hobabe, o sogro de Moisés era sacerdote em Midiã; Débora; Jael; Rute, a moabita. O que há de mulheres no Novo Testamento; Evódia e Síntique; Priscila; a senhora eleita de II João; em Romanos 16, temos inúmeros nomes de mulheres associadas à liderança das igrejas.

6) **Calebe, o líder idoso.**

Calebe tinha quarenta anos quando foi enviado a espiar a terra. Passou mais quarenta anos no deserto, mas cinco nas guerras de conquistas; e, agora, está com oitenta e cinco anos. Se você liderasse um exército com o objetivo de conquistar um território hostil e precisasse derrotar uma comunidade de gigantes, a quem você enviaria para realizar esta tarefa? Provavelmente, você não enviaria um homem de oitenta e cincos anos. Foi exatamente esse homem que se apresentou a Josué com tal disposição. Calebe tinha fé em Deus; Números 13:26 e uma paixão entusiasmada pela obra do Senhor; vv. 11-12; 15:13-17.

Todos os bons líderes possuem, em geral, diversos dons e habilidades; mas nenhum conseguirá alguma coisa sem fé e uma paixão entusiasmada pela a obra de Deus. Você pode observar isso em alguns pregadores e líderes que não tem muita profundidade na compreensão das Sagradas Escrituras, mas sua fé e paixão fazem com que realizem grandes ministérios.

É fácil você demonstrar fé dentro do templo quando tem todos a maioria a sue favor, mas quero ver quando você tiver dez pregando uma mensagem contraria à sua. Quando ver quando você tiver oitenta e cinco anos e Deus lhe apresentar um grande desafio para começar tudo de novo; uma nova empreitada quando todos estão pensando em descansar, em se aposentarem.

Calebe nos ensina que a liderança tem menos a ver com a idade, e mais com atitude. Não é uma questão de posição, mas de disposição. Se alguém está envelhecendo, não significa que está ficando ineficiente. Com fé em Deus e paixão pela sua obra, podemos começar um grande projeto e vencer gigantes. Alguns comentaristas bíblicos afirmam que o livro de Juízes, profeticamente, representa o tempo da Igreja de Cristo, onde não há judeu ou grego, escravo ou livre, homem ou mulher, mas todos são um em Cristo Jesus; Gálatas 3:28.

Hoje, e especialmente hoje, neste tempo profetizado por Joel, comprovado pela realidade encontrada através da obra do Espírito Santo no Novo Testamento, Deus também levanta e usa pessoas completamente fora dos padrões, enchendo-as com seu Santo Espírito, não importando raça, idade ou sexo; mas tão somente olhando para seus corações.

Conclusão

O que isso diz para você?

A letra da lei tenta disciplinar nosso comportamento exterior; enquanto o espírito da lei trata das nossas motivações, das nossas intenções. A letra da lei disciplina o que fazemos; enquanto o espírito da lei trata do que somos. A letra da lei está subordinada às convenções sociais, doutrinárias; enquanto o espirito da lei está subordinado à soberania de Deus, à sua graça, ao seu poder.

Obedeçamos à letra da lei. Pratiquemos o espírito da lei. O grande problema dos judeus é que eles colocaram a letra da lei na frente do espirito da lei. Jesus veio reverter esse quadro. Ele colocou o espírito da lei na frente da letra da lei.

Você é escravo da letra da lei ou do espírito da lei?

Débora era uma mulher numa sociedade patriarcal e numa cultura machista; bem como Jael. Raabe era uma prostituta e fazia parte do exército inimigo. Rute uma moabita, povo hostil a Israel. Calebe era idoso. Muito mais agora, você está no tempo do cumprimento da profecia de Joel 2:28-30. Não é idade. É atitude! Não é posição. É unção! Não é raça. É o coração!

Você também pode ser grandemente usado por Deus!

6. QUALIDADES ESSENCIAIS A UM LÍDER CRISTÃO.

João 13:1-7; Atos 6:1-7 e I Timóteo 3:1-13; I Tessalonicenses 2:1-12.

Fundamentados, principalmente, nesses textos bíblicos, mas é claro que muitos outros poderiam ser usados, queremos compartilhar algumas qualidades indispensáveis na vida de um líder cristão. "Todo líder que deseja fazer a obra e a vontade de Deus, deverá busca-las em oração até que cada uma delas seja gerada pelo Espírito Santo em seu interior; tornando-se, assim, uma realidade em sua vida. Uma observação muito importante se faz necessário fazer aqui: o Espírito Santo trará uma profunda crise, até que estas qualidades sejam geradas no interior de cada líder que, ardentemente, deseja vê-las impressas em seu interior, em seu caráter".

Essas qualidades são sinais de uma liderança saudável. Podemos vê-las em todos os líderes da Bíblia que a mesma apresenta como modelos aprovados por Deus, bem como da história da igreja; mas, principalmente, nesses textos, como expressão do mais profundo desejo do coração de Deus para seus líderes.

Observação eles não são colocados numa ordem de importância e ou prioridade.

1. **Todo líder deve ser humilde.**

"Qualquer marcante de quem possui uma vida rendida diante do Senhor Jesus. Para estes não há lugar para o orgulho ou a sabedoria. Só há lugar para um coração despojado, entregue, rasgado diante do altar de Deus. Líderes com um coração humilde expressam a vida de Jesus". Se olharmos para a vida de Jesus, o que ele proporcionou imprimir no caráter dos seus discípulos, veremos que humildade era parte essencial, obrigatória na grade curricular do seu curso na formação deles como líderes. Exemplos disso temos no "lavar dos pés" dos discípulos e na aplicações feitas por ele; também, quando da pergunta dos discípulos sobre quem, porventura, era o maior no reino dos céus, e sua resposta usando a figura de uma criança como modelo; Mateus 18:1-6. No entanto, creio que a lição mais contundente quanto a isso foi dada quando eles queriam disputar lugares privilegiados e ou de comando no reino; e Jesus, então, diz: "Quem quiser tornar-se grande entre vós, será esse o que vos sirva; e quem quiser ser o primeiro, seja vosso servo"; Mateus 20:26-27.

Por que a humildade? Liderança é serviço!

Para liderar, primeiro, antes de você tocar a mente das pessoas, motivá-las à ação, você precisa tocar o coração. Liderança em que as pessoas seguem você; em que elas são conduzidas e não empurradas; em que elas são lideradas, influenciadas, e não coagidas pela posição institucional do seu cargo, exige humildade como um dos elementos principais do caráter do líder. Liderança não combina com orgulho, arrogância. Talvez ai esteja a explicação por que tantas divisões em igrejas e ou denominações: falta humildade nos líderes! Todo líder cristão necessita de uma porção dobradas da graça de Deus, e ele diz que "Resiste aos soberbos, mas dá maior graça aos humildes"; Tiago 4:6.

2. **Todo líder cristão deve ser cheio do Espírito Santo!**

"O líder não pode ser cheio de si mesmo. Cheio de ideias e conceitos próprios. Deve ser cheio do Espírito Santo". Nas Sagradas Escrituras, encontramos alguns símbolos do Espírito Santo, vejamos alguns: o vinho, símbolo de alegria e de vida; o óleo, símbolo de unção, consagração, alguém que se queima para o Senhor; e, também, a pomba, símbolo da paz. Não dá para pensar num líder cristão que não tenha uma alegria contagiante; que não seja amante da paz, um pacificador.

A marca maior dos grandes líderes levantados por Deus é que ele os revestia do seu Santo Espírito. No Velho Testamento, quando a dádiva do Espírito era seletiva, Deus não deixava seus líderes sem esta unção. Já no Novo Testamento, cada cristão, após ser selado pelo Espírito Santo de Deus na conversão; Efésios 1:13; ou, após ser batizado por ele conforme a linguagem do mesmo apóstolo Paulo, usada em I Coríntios 12:13, a ordem é para ser cheio dele; Efésios 5:18; é "para que, segundo as riquezas da sua glória, vos conceda que sejais robustecidos ou fortalecidos, cheios com o poder do seu Santo Espírito, no homem interior"; Efésios 3:16.

Ser cheio do Espírito Santo é uma ordem para todo e qualquer cristão. No entanto, em se tratando de um líder, é uma condição sine qua non, essencial, indispensável, pois é a capacitação dada por Deus para que ele possa servi-lo nas bases e condições exigidas por ele. Veja no caso da separação de Paulo e Barnabé para a obra missionária; atos 13:9; no caso da separação dos diáconos; Atos 6:3; os evangelistas Estevão; Atos 7:55 e Filipe; Atos 8:4-8. Todos esses líderes foram cheios do Espírito Santo. O poder do Espírito Santo é o grande diferencial na vida do líder cristão. Enquanto os demais líderes podem ser bem sucedidos apenas em função dos seus dons naturais, do seu preparo, treinamento e qualificação; no ministério do líder cristão essas coisas são importantes, mas não decisivas; não são elas que determinam seu sucesso do ponto de vista bíblico, do ponto de vista do coração de Deus; mas tão somente o poder do Espírito Santo.

Ser batizado com o Espírito Santo é uma experiência única. Vejam Atos 2. No entanto, ser revestido pelo seu poder, ser tomado da sua plenitude, ser cheio dele é uma experiência renovável, é uma experiência para o dia-a-dia do líder cristão. O líder cristão necessita evidenciar o fruto do Espírito em sua vida conforme Gálatas 5:22-23. Ele necessita vencer a concupiscência da carne; o que somente se dará com a plenitude do Espírito Santo; Gálatas 5:16.

3. O líder cristão deve ser manso.

Jesus disse que devemos aprender dele, que é manso e humilde de coração, pois somente assim encontraremos descanso para nossas almas. Sem mansidão no coração, o líder cristão vive atormentado, ferido, agitado, magoado pelas consequências naturais do exercício da liderança, acabando doente, deprimido. Hoje já há inúmeras organizações especializadas em entrar, cuidar, restaurar líderes feridos em combate, e eles são muitos. A liderança expõe você. Quando Jesus chamou e enviou os doze, advertiu-os claramente dos riscos envolvidos poderiam ser rejeitados, incompreendidos, odiados, perseguidos; Mateus 10. A humildade e mansidão nos fazem ser semelhantes a Jesus, e traz descanso às nossas almas por nos capacitar a lançar sobre ele nossos fardos; II Timóteo 2:23-25.

Quando no exercício da liderança, passamos por diversos testes. Um deles é quando temos de lidar com adversários, oponentes. Muitas vezes, pessoas que lutam deslealmente, sem observar os princípios da boa ética cristã. Sem a mansidão, quase sempre. O líder sai chamuscado, com ressentimentos em seu interior; o que somado a diversas experiências semelhantes, acaba prejudicando o exercício de uma liderança sadia; ou, então, deixando-o doente. A mansidão nos protege e se transforma numa barreira a nos tornar imunes a alimentar esses sentimentos, transferindo-os à cruz de Cristo, e, ali, encontramos o refrigério para nossas almas e continuamos, apesar de tudo, alegres e felizes por nos identificarmos com Cristo.

4. **O líder cristão deve ser submisso.**

"Uma das estratégias de Satanás na vida do líder é fazê-lo rebelde e insubmisso. Submissão não é prisão, é liberdade". É interessante como ao longo dos séculos as palavras perdem seu significado por pressão da cultura. Veja a beleza do significado dessa palavra (sob missão). Submissão é um dos segredos de uma liderança longa, próspera e cheia de frutos. Líderes submissos são líderes prevalentes. Se todo cristão deve se submeter "uns aos outros", imagine o que se espera de um líder! Abraão, Isaque, Jacó, José, Moisés, Josué, Samuel, Davi, Ezequias, Jeremias, os discípulos, Paulo, uma galeria de líderes do Novo Testamento e, acima de tudo, Jesus são nossos exemplos do quanto Deus espera submissão dos líderes chamados por ele e colocados em sua seara.

Submissão é a marca maior do caráter de Cristo: submissão, primeiro, aos pais e, depois, ao Pai Celestial de forma incondicional. Como já disse, Deus faz o líder passar por diversos testes, e um deles, talvez o mais insignificativo, é o do quanto ele está disposto a obedecer-lhe incondicionalmente. Obedecer nas pequeninas coisas, nas coisas óbvias; é fácil. O difícil é quando você tem que ignorar toda a lógica, todos os argumentos da razão, e se jogar totalmente nos braços de Deus; se lançar num projeto; aceitar obedecer a um mandamento que colocará você no "politicamente incorreto"; ou abraçar uma promessa totalmente impossível aos olhos humanos, simplesmente porque você sabe que isso é a vontade de Deus para sua vida como líder.

5. **O líder cristão deve ser tratável.**

"É difícil conviver com alguém duro, resistente e cheio de razão. Líderes intratáveis nunca erram, estão sempre com a razão, justificando-se sempre a si mesmos e, finalmente, nunca terão o caráter transformado. Afinal, são intratáveis. Aqueles que têm o coração amolecido por Deus se deixam tratar e se tornam grandes líderes na causa de Deus". Veja a diferença entre Saul, Acabe, Davi e Ezequias quando confrontados por causa de seus erros. Ninguém é apto para ensina se, primeiro, não for apto para aprender. Saul sempre tinha uma desculpa para seus erros. Acabe mandava eliminar seu oponente, aquele que o contrariava. No entanto, Davi, quando confrontado, aceitava a correção e buscava restauração; e Ezequias buscava e aceitava docilmente a ajuda e até mesmo a repreensão do profeta Isaías.

Alguns personagens bíblicos passaram para a história como exemplos máximos de pessoas intratáveis: Nabal, o incomunicável; Roboão, o intransigente; Absalão, o guardador de ressentimentos. No entanto, outros, como exemplos máximos de pessoas tratáveis; e, por isso, conseguiram uma liderança saudável e deficiente: Noemi, a sogra líder restauradora da família, com uma capacidade extraordinária de ser tratada por Deus e pelas pessoas ao seu redor, cujo lema era: Com Deus, podemos começar de novo! Rute, a moabita aberta para ser tratada de um passado de sofrimento e cujo coração era pronto para receber ensinamento. Boaz, o homem bom, justo, generoso, comunicador e sensível ao que Deus queria fazer. Pedro, João, Tiago, o próprio Paulo são exemplos no Novo Testamento de líderes que começam como massa bruta; mas após serem trabalhados por Deus, termina num estágio avançado de crescimento do caráter, em direção daquele alvo de se tornarem parecidos com Cristo Jesus. Tudo porque foram líderes tratáveis.

6. O líder cristão deve ser ensinável.

Além de tratável, corrigível, o líder cristão não pode ser arrogante e sabichão, dono da verdade, e que nunca aprende nada. Se existe algo que o líder cristão deve aprender nestes dias é a capacidade de ser ensinável. Disponibilidade para inclinar os ouvidos e o coração para ser ensinado é um bom sinal e atitude. Veja a atitude de Moisés diante de seu sogro Jetro. Imagine um líder, hoje, não disposto a aprender quando todo o conhecimento de uma geração é modificado, alterado, transformado a cada dia.

Outra razão por que o líder cristão precisa ser ensinável é que o conhecimento, hoje, já não é mais um privilégio ou patrimônio de quem frequenta formalmente bancos escolares ou cursos; mas algo que está disponível, democraticamente, para todo e qualquer cidadão. Assim sendo, um líder que se fechar em seu mundo; que se der por satisfeito com seu "status quo" adquirido na escola ou durante sua formação profissional, com certeza será superado pelos seus liderados.

Outra razão é que todos os conhecimentos humanos, hoje, estão entrelaçados. Não há mais áreas do saber estanques, O líder, hoje, necessita ter uma cosmovisão que, praticamente, abranja todas as áreas do conhecimento humano, a ponto de poder interagir com todos os seus interlocutores. É por isso que o Espírito Santo determinou que uma das qualidades do bispo seria que ele fosse "apto para ensinar". Ninguém está apto para ensinar se, primeiro, não for ensinável.

7. **O líder cristão deve ser transparente.**

Transparência tem muito a ver com integridade, caráter, coerência; e todas essas virtudes formam aquilo que o Dr. John Maxwell chamou de "Lei da Base Sólida".

Esta é a marca de alguém que tem vencido o orgulho e a necessidade de ser aceito a qualquer preço. Líderes transparentes são líderes livres, seguros e de relacionamentos estáveis. O líder cristão não pode ter nada a esconder. Saul, Sansão e Salomão fracassaram porque suas vidas não eram transparentes. Que diferença entre eles e Moisés, Josué, José, Davi, Daniel, Paulo, Jesus.

Uma grande tragédia, acontecida no inicio da igreja cristã primitiva envolvendo um casal:

Ananias e Safira; Atos 5..., ocorreu por falta de transparência diante da liderança e da congregação.

O grande trunfo de muitos líderes, hoje, é que suas vidas são verdadeiras "caixas pretas". Somente por isso continuam liderando. Quando alguém rompe o lacre e consegue abrir essa caixa, a mesma tragédia que acometeu Ananias e Safira se repete, de forma e em cores diferentes, mas com os mesmos e, até mesmo, piores resultados. Esses líderes podem não morrer fisicamente; mas a liderança deles, sim; e eles desaparecem.

Outra razão importante para que o líder cristão pratique a transparência é a rapidez e a grande quantidade com que o fluxo das informações é disseminado hoje. isso faz com que um líder não transparente fique bastante vulnerável; pois a transparência tem a ver com a verdade, com a honestidade, com a ética; dai sua tremenda importância para que a liderança de uma pessoa seja confiável; e a credibilidade é a maior ferramenta de um líder.

Outra razão é que nosso modelo maior de liderança é o Senhor Jesus; e ele foi transparente, íntegro, sincero, honesto, diante de seus amigos, os discípulos e, também, diante de seus inimigos, nunca faltando com a verdade ou, até mesmo, escondendo informações.

Outra razão é que transparência tem a ver com prestação de contas. Tanto na parábola dos talentos; Mateus 25..., como na do servo, mordomo infiel, Jesus falou que, um dia, prestaremos contas "da nossa mordomia" a Deus. No entanto, esquecemos que em ambas as parábolas aqueles servos tiveram que prestar contas aos seus senhores. Para muitos líderes, prestar contas é uma coisa difícil porque parece diminuir sua "autoridade". No entanto, ao contrário, prestar contas aumenta nossa autoridade porque, em vez de "subordinados", passamos a ter "liderados", uma vez que ela passa a ser sustentada pela nossa credibilidade, pela confiança que depositam em nós. Um dos grandes exemplos de transparência no Novo Testamento está na forma como o apóstolo Paulo lida com a oferta levantada para socorrer os cristãos necessitados da Judeia. Ele se faz acompanhar por líderes idôneos apontados pelas próprias igrejas, uma vez que ele não queria deixar qualquer margem para suspeitas, desconfianças ou aparência do mal, "pois zelamos o que é honesto, não só diante do Senhor, mas também diante dos homens"; II Coríntios 8:21. Ele também achou necessário prestar contas aos crentes filipenses sobre a oferta que lhe fora enviada.

8. **O líder cristão deve ser determinado, ousado.**

"A determinação, a ousadia devem ser fatores predominantes na vida daqueles que querem vencer. Determinação é um ato da nossa vontade". A determinação e a ousadia nos conduzirão para onde o Senhor deseja nos levar. Por que estas qualidades são importantes? Porque liderança é influencia pessoas. Pessoas seguem outras mais fortes.

Pessoas, geralmente, seguem alguém que toma iniciativa, mostra um caminho, aponta uma direção, resolve problemas, alcança resultados. Todos são capazes de produzir; mas aqueles que recebem uma direção dada pelo Senhor e seguem nesta direção sem questionamento, irão mais longe, avançaram e prosperam naquilo para o que foram chamados. Josué, Davi, Neemias, Pedro, João, somente chegaram onde chegaram porque foram determinados e ousados.

9. **O líder cristão deve ser fervoroso, motivado.**

Este é o ingrediente que dá brilho ao ministério do líder. É empolgante, contagioso ver um líder fervoroso e motivado. Na verdade, a motivação, o entusiasmo de um líder são responsáveis por cinquenta por centro do êxito de seu ministério. Líderes motivados têm o crescimento e o caminho desobstruído. Eles nos impulsionam a seguir em frente e a vencer. Há uma diferença entre um líder frio, um morno e outro fervoroso. O frio traz desânimo consigo, o morno não influencia, não acrescenta nada, enquanto o fervoroso contagia, envolve, contamina, coloca toda a equipe em movimento. Muitas vezes a motivação, a empolgação substitui a técnica e o conhecimento.

Deus quer que seus líderes sejam motivados, fervorosos: "Por esta razão, pois, te admoesto que reavives o dom de Deus, que há em ti pela imposição das minhas mãos"; II Timóteo 1:6. A recriminação de Cristo ao pastor da igreja de Laodíceia; Apocalipse3:14-16, foi porque ele perdeu o fervor, a motivação. Líderes sem motivação, sem fervor, logo perdem o foco, deixam de perseverar, se desanimam.

10. O líder cristão deve ser modelo, padrão.

Este é um alvo inatingível, especialmente quando lemos Mateus 5:48; Efésios 4:13; I Timóteo 4:12, dentre outros. A palavra que nos salva é que ele deve ser "irrepreensível", que é a qualidade de alguém, não perfeito, mas que não tem do que ser repreendido. É uma pessoa defeituosa que está brigando contra seus defeitos e não admite conviver com qualquer mancha ou defeito em seu caráter, personalidade. O maior poder de influência de um líder é o seu exemplo: "Ninguém despreze a tua mocidade, mas sê um exemplo para os fiéis na palavra, no procedimento, no amor, na fé, na pureza...Procura apresentar-te diante de Deus aprovado, como obreiro que não tem de que se envergonhar, que maneja bem a palavra da verdade"; I Timóteo 4:12; II Timóteo 2:15.

Em todos esses versículos e, também, em tantos outros, especialmente quando Paulo se refere a si mesmo em I Tessalonicenses 2:1-12, testemunhando sobre seu caráter irrepreensível e modelar diante daqueles irmãos, fica evidente que nossa liderança nunca irá além do tamanho e profundidade do nosso caráter. Para conquistar confiança, o líder precisa se tornar modelo. John Morley observou: "Homem nenhum consegue ir além das limitações do seu próprio caráter"; e John Maxwell acrescentou: "Isso é especialmente verdadeiro no tocante à liderança". "Uma pitada de exemplo vale mais que palavras!"

7. O ESTILO DE LIDERANÇA DO SENHOR JESUS!

Após já termos focado diversos aspectos da liderança cristã, muito embora ainda haja tantos outros, nos próximos dois capítulos falaremos sobre estilos de liderança, iniciando por estudar o estilo de liderança de Jesus, o Líder dos líderes; o exemplo dos exemplos; o modelo dos modelos. Estudar sobre o estilo de liderança de Jesus é, definitivamente, colocar um padrão, um modelo, um alvo irremovível de liderança para todo aquele que quer servir a Deus, liderando em seu reino, respondendo ao seu chamado de forma responsável, querendo ser um mordomo fiel em relação a tudo que se refere ao discipulado cristão.

Se Ele é nosso modelo máximo de liderança, quais suas marcas maiores? Quais seus exemplos mais desafiadores?

Quais suas atitudes mais ilustrativas?

Tudo isso está espalhado por todos os evangelhos que narram sua vida e seus ensinos, ilustrando de forma viva seu estilo de liderança. Vamos ver?

1. **Capacidade de esvaziamento do ego.**

Sua vida começa numa estrebaria e seu ministério, num deserto. Se a estrebaria foi um desígnio de Deus, o deserto foi uma escolha consciente. Deserto fala de sofrimento, de solidão. Solidão e sofrimento são coisas abomináveis para a maioria dos líderes hoje. Eles falam de insignificância, de anonimato, de fragilidade, de fraquezas, derrotas. Nenhum líder vê vantagens nisso.

O deserto foi um peneiramento para ver o que Jesus valorizava, priorizava; bem como o quanto confiava na providência divina. O Dr. John Maxwell, comentando Mateus 4:1-11 em sua Bíblia da Liderança Cristã, diz que as três tentações de Jesus no deserto correspondem, também, às três maiores tentações para os líderes de hoje.

1. A tentação de querer ser autossuficiente – Jesus precisou controlar-se e negar satisfazer suas necessidades mais legitimas (mesmo podendo fazer isso, ele não o fez); pois era necessário confiar em Deus e depender dele; Mateus 4:2-4. Essa é a tentação do imediatismo na vida do líder cristão. Satanás diz: Você tem necessidades legitimas que precisam ser supridas! O mundo diz: Você tem o direito de ser feliz! A pressão cultural diz: Supra as necessidades urgentes do povo! E a grande tentação é o líder passar a atender a estas necessidades legítimas, urgentes, em detrimento de um compromisso irremovível com os verdadeiros valores do reino e do coração de Deus como Jesus.
2. A tentação de tornar-se estrela – Jesus rejeitou a ideia de ser um astro. Ele não agiu no sentido de tornar-se uma celebridade; Mateus 4:5-7. A

tentação para o líder buscar o espetacular não diminuiu desde os tempos de Cristo, somente aumentou; especialmente em nossa sociedade nos últimos tempos. Tudo tem que ser midiático. É muito difícil harmonizar esta mentalidade da busca pelo grande, pelo espetacular, com as verdades de que nossa salvação veio de um pequeno grupo de remanescentes fiéis; com o nascimento despretensioso do Rei dos Reis; com a figura do Servo Sofredor. Precisamos reconhecer que esta ânsia é mais uma busca de identidade, de autoafirmação. O líder cristão não precisa disso. Tal como Jesus que, antes de lavar os pés dos discípulos, reafirmou que "sabia que o Pai tudo lhe confiara, que viera do Pai e que voltava para o Pai"; João 13:3. Somente quem não tem problema de identidade pode levar os pés do irmão sem se sentir diminuído.

3. A tentação de tornar-se poderoso – Jesus não procurou atalhos para obter poder e adoração; Mateus 4:8-10. Essa é uma tentação contínua para o líder. Confundimos poder com liderança. Achamos que quanto mais poder tivermos, mais líderes somos. Esquecemos os adjetivos usados por Jesus para qualificar a liderança de João Batista no reino. Esquecemos que o poder estava com Saul, enquanto a liderança com Davi; o mesmo acontecendo entre Eli e Samuel. O poder estava nas mãos daquele oficial comandante do navio que levava Paulo para Roma, mas a liderança estava nas mãos de um dos presos; o apóstolo Paulo. É por isso que Jesus é nosso modelo de liderança. Creio que Filipenses 2:1-11 sintetiza esta verdade de uma forma que somente o Espírito Santo poderia registar:

- Numa primeira etapa, Ele abriu mão de sua forma divina, se tornando homem;
- Numa segunda etapa, Ele abriu mão de todos os seus direitos e se tornou servo;

- Numa terceira etapa, Ele não luta, não resiste não se revolta – mesmo diante de um sistema religioso corrupto e uma estrutura política violenta, cruel, opressora e injusta; mas aceita à morte para cumprir sua missão.

2. **Quais são algumas das marcas, características, da liderança de Jesus?**

1) Para Jesus, as pessoas são mais importantes que a multidão, instituições, sistemas e ou projetos

Nesse aspecto, Herodes, Pilatos, Ainás, Caifás, o Sinédrio, Festo, Agripa são todos antítipos de liderança cristã; pois a instituição, o sistema, as multidões com seus desejos e vontades vêm sempre em primeiro lugar. Quais as barreiras para imitar Jesus quanto isso?

1. É difícil manter o valor e a dignidade das pessoas quando o sistema, as instituições estão

ameaçadas. Este foi o grande problema dos líderes religiosos no tempo de Jesus;

É difícil manter o valor e a dignidade das pessoas quando seu poder está sendo ameaçado; quando elas são competidoras. Este foi o grande problema de Saul para com Davi. No entanto, quando Davi tinha Saul em suas mãos, ele não agiu da mesma forma;

1. É difícil deixar de usar pessoas quando temos projetos pessoas importantes a serem executados;
2. É difícil conservar a dignidade e o valor das pessoas quando, para mante uma imagem correta da instituição ou de si mesmo, você terá que escolher entre isso ou macular a honra dessas pessoas, mentindo a respeito delas. Os líderes do Sinédrio não passaram neste teste para com Jesus;
3. É difícil escolher entre mante seus privilégios, seus benefícios, quando, para isso, alguém será prejudicado;

É difícil valorizar uma pessoa, dar atenção a ela, quando as multidões clamam por atenção. Jesus foi aprovado nesse teste diante das crianças, do cego Bartimeu, Zaqueu, a mulher samaritana e tantas outras pessoas.

1) Ele valorizava mais o conteúdo do que a forma; mais o espírito, a motivação, do que os gestos, as atitudes de pessoas mais preocupadas com as aparências – Isso está claro em seus discursos e embates com os escribas e fariseus, tais como:

- Quando diz que não é o que entras pela boca que contamina o homem, mas sim aquilo que sai do seu interior;
- Quando disse que eles se preocupavam em lavar as mãos, vasos, copos, quando seu interior estava cheio de imundície;
- Quando disse que Deus procurava adoradores que o adorassem em espírito e em verdade;
- Quando combateu a circuncisão apenas na carne;
- Quando os repreendeu por apenas quererem ver sinais por curiosidade (tal como os gregos queriam sabedoria);
- Quando os repreendeu por seguirem-no apenas por causa do pão material;
- Quando disse que, até de pedras, Deus poderia suscitar filhos a Abraão.

2) Outras características da liderança de Jesus.

- Ele valorizava relacionamentos fundamentados no amor e no perdão; Mateus 5:38-48;
- Ele valorizava a pureza; Mateus 5:27-32;
- Seus valores eram essencialmente espirituais; Mateus 5:1-11.
- Seu modelo de liderança, sua influência, era pelo exemplo; Mateus 5:13-16;
- Seu modelo de liderança, sua influência, era pela humildade e pelo serviço; João 23:1-17.

7. DESCUBRA SEU ESTILO DE LIDERANÇA.

Ao falar de "liderança", hoje, queremos voltar ao nosso conceito inicial de que "liderar é influenciar pessoas". Portanto, não estaremos falando da figura do pastor, do diácono, do ministro de música, do vice-presidente da igreja; mas, sim, falando de liderança, aquela capacidade de influência interpessoal exercida por meio do processo de comunicação para o alcance de um determinado objetivo; ou, ainda, aquele poder de exercer influência sobre pessoas ou grupos, num esforço para a realização de objetivos em uma situação e ou organização.

Observe que a figura do líder é imprescindível às organizações, pois é por meio de uma boa liderança que elas terão colaboradores motivados, um clima organizacional satisfatório com boas relações entre todas as pessoas envolvidas, bem como resultados positivos na busca e realização de seus objetivos. A pergunta chave para nós é: Que tipo de líder realiza mais e melhor essa tarefa? Quando falamos em "estilo" de liderança, estamos falando daquele conjunto de valores que, quando em ação pelo líder, constitui a forma como ele se relaciona com o trabalho a ser realizado propriamente dito: visão, planejamento, estabelecimento de métodos e processos, bem como os integrantes da equipe, seja em integrações grupais ou pessoa a pessoa.

Há diversos estudos sobre esses estilos. Maximiano, em sua obra "Teoria Geral da Administração", resume-se em três: autocrático, democrático e liberal, dependendo de o líder centralizar ou compartilhar a autoridade com seus liderados. O psicólogo norte-americano Daniel Goleman, em um trabalho fantástico, classificou-os em seis tipos. Além dos estilos autocrático (que ele chamou de autoritário) e democrático, ele acrescentou: o líder que determina o ritmo, o que agrega, o que treina e o coercivo. Na verdade, todos os estudos podem variar na nomenclatura dos estilos; mas, quanto ao conceito, eles todos se parecem, são sempre os mesmos (Exemplo: Em alguns estudos, o estilo liberal será chamado de paternalista).

Como para nós o que interessa é a liderança cristã, iremos trabalhar com os estilos segundo Bill Hybels, pastor da Comunidade Willow Creek, Illinois, Estados Unidos da América.

Mas também ele trabalha com dez estilos, que acabam, alguns deles, muito parecidos, pelo que adaptamos os tipos para cinco, facilitando, assim, sua compreensão.

1. O líder visionário empresarial – São aqueles que têm na mente uma imagem cristalina do que querem que aconteça. Conseguem expor suas visões de forma poderosa e possuem um entusiasmo ilimitado para perseguir sua missão. Eles apelam a todos de forma contundente, convincente e apaixonada, para aderirem aos seus projetos. São orientados pelo futuro; são idealistas e cheios de confiança de que sua visão, seu sonho, se transformará em realidade. Eles propagam o seu projeto, conseguem adeptos e morrem tentando ver seus sonhos realizados. Possuem visão, energia e um espírito de risco. Adoram um empreendimento novo e que alguém lhes diga que aquilo é impossível. Paulo era um líder visionário. Queria fundar igrejas onde Cristo ainda não era conhecido; logo deixando alguém ali e partindo para um novo projeto. O líder visionário empresarial necessita, acima de tudo, procurar conciliar o ideal com o real. Prestar atenção para que os sonhos e visões não ultrapassem certos limites, alcançando o patamar da utopia. Numa linguagem simples, é aquilo que todos chamam de "manter os pés no chão". Eu acho que a história de ascensão e queda do empresário Eike Batista ilustra bem aquilo de que estamos falando. Uma outra necessidade que ele tem é a de manter o foco e a perseverança diante das dificuldades.
2. O líder direcional estrategista – Ele tem a habilidade dada por Deus de escolher o caminho certo quando a organização está numa encruzilhada, cheia de perguntas: É hora de mudança ou devemos permanecer no mesmo caminho? O foco principal, agora, deve ser crescimento ou

consolidação? É hora de iniciar novos ministérios? Do que já existem necessitam urgentemente? É hora de mudar de local? Devemos construir ou alugar? Devemos contratar novas pessoas, dispensando algumas da equipe atual? Devemos contratar mais pessoas? Ele tem a habilidade dada por Deus de pregar a visão e desdobrá-la em passos alcançáveis, de tal forma que a organização possa marchar firme e conscientemente em direção à realização da sua missão. Ele elabora um plano em forma de jogo que todos entendem e do qual podem participar. Ele é capaz de sincronizar o trabalho dos vários departamentos da organização de forma a cumprir, alcançar a visão. Este estilo de liderança é essencial para a liderança cristã, dada sua natureza que exige, constantemente, reavaliações e novas leituras da realidade ao redor.

3. O líder administrador – Você ficaria surpreso em saber quantos líderes visionários, estrategistas não têm habilidade para trabalhar com pessoas, lidar com gente. Os líderes administradores são melhores lidando com pessoas, processos, sistemas, métodos, planejamento. Não são do tipo mais popular, que poder fazer um grande discurso, ou ser capaz de tomar uma grande decisão numa hora crítica na vida da organização, ou expor um grande plano de avanço. No entanto, eles são extremamente importantes; pois, no dia-a-dia da organização, alguém tem de administrar as pessoas, os métodos e processos que a levam a alcançar seus adjetivos. Eles são capazes de colocar as pessoas, os recursos, o sistema no devido lugar, para que os objetivos da organização sejam alcançados; especialmente quando ela estiver precisando de sistematização. Isso não significa que todo líder administrador tem habilidade bastante para lidar com gente, com pessoas. Muitos são mais hábeis no lidar com os métodos, processos, sistemas, planejamentos. Por isso é necessário que ele fique atento para trabalhar, desenvolver esta área em sua liderança se ela não for tão forte.
4. O líder motivador pastor – Percebem quem precisa de um novo desafio ou treinamento; de reconhecimento público, de uma palavra de

encorajamento. Eles são líderes antenados com as necessidades das pessoas. Jesus constantemente motivava seus discípulos: trocou o nome de Pedro; prometeu recompensa dobrada a eles nessa vida e na vindoura; e constantemente, reservava um tempo especial para eles. Este líder ama profundamente os membros da sua equipe, tratando-os com carinho, apoiando-os constantemente, ouvindo-os pacientemente e orando diligentemente por eles. A equipe se sente tão motivada e cuidada que os objetivos da organização são alcançados. Davi é um outro grande exemplo deste estilo de liderança, que é essencial quando a organização acabou de passar por um trauma, estresse, e precisa ter suas feridas tratadas; especialmente as relacionadas às pessoas.

5. O líder construtor de equipes pontes – Eles têm uma percepção sobrenatural das pessoas. Eles encontram e desenvolvem líderes com as habilidades e características certas para as diversas equipes da organização. Colocam as pessoas certas, nos lugares certos, pelas razões certas, e que, por isso, produzirão os resultados certos. Esse é o líder que consegue dizer à equipe: Vocês sabem o que queremos fazer. Sabem qual parte da missão é responsabilidade de cada um, e qual é, também, a dos demais membros da equipe. Então, mãos à obra! Trabalhe duro! Alcancem seus objetivos! Esse líder faz com que a equipe produza sem que ele, obrigatoriamente, tenha que estar à frente. Esse é o líder capaz de juntar pessoas diferentes, com dons diferentes, debaixo de um único guarda-chuva de liderança. É o líder que tem uma enorme capacidade de negociação, habilidade de fazer acordos, escutar, pensar fora dos moldes; ele é diplomático e não tem ciúme do seu cargo e nem dos liderados, pois tem segurança.

CONCLUSÃO.

Daniel Goleman realizou uma pesquisa em que ele aponta que os líderes com os melhores resultados não fazem uso de somente um desses estilos; mas têm consciência de que, dependendo da situação, da organização, do momento, eles necessitarão usar um ou outro estilo; ou, então, fundirão diversos deles; ou, ainda, irão adaptá-los para produzir melhores resultados. Podemos afirmar que, quase sempre, nenhum líder tem um ou mais estilos de forma rigorosamente definida; mas possuem tendências, este ou aquele estilo de forma mais ou menos acentuada. Nunca vamos nos esquecer do nosso primeiro capitulo: estudando sobre liderança, os líderes podem adquirir e modificar habilidades e atitudes através da aprendizagem!

No entanto, nenhum líder jamais poderá juntar todos os estilos. Eles são como os dons, em que uns estão mais próximos de outros, sem que possamos ter todos. Com certeza, um líder estrategista terá mais facilidade de se aproximar de ser um bom administrador: enquanto para um visionário, poderá ser mais difícil, e vice-versa. O motivador está mais próximo do construtor de equipes, mas mais distante do visionário, do estrategista.

Não importa qual seja seu estilo. Reconheça-o como uma dádiva divina. Celebre-o. Procure desenvolvê- lo à sua potência máxima. É importante saber, também, que em determinadas situações ou circunstâncias, um determinado estilo funciona melhor, traz melhores resultados. É necessário pedir a Deus tal sabedoria e estar preparado para liderar com tal alternância de estilos. Por exemplo: Um líder democrático pode funcionar bem quando a organização já está amadurecida, e sua equipe já está bem informada, especializada, qualificada; mas, organização que passa por uma situação de exceção, crise, emergência, em que a casa esteja bagunçada, sem rumo e precisa de uma mudança rápida, ou quando a equipe não possui nenhuma informação, talvez um líder com estilo autoritário se saia melhor.

8. ENTENDENDO OS DIFERENTES NÍVEIS DE LIDERANÇA NA IGREJA DO SENHOR JESUS CRISTO; Atos 13:1-3; 15:1-34; 18:1-4; 18-28; 19:1; 20:17-35; Romanos 16:1-16.

Lendo todos esses textos, é impossível não concluir que, até mesmo em função do próprio dom que cada líder recebe, o chamado e o ministério em relação ao corpo de Cristo que cada um desenvolve, acontece em dois níveis diferentes: os transitórios e os permanentes. Talvez esta compreensão nos ajude a lidar com a questão da liderança no corpo de Cristo com mais sabedoria, discernimento e ajuste. Os líderes transitórios são aqueles chamados por Deus para um trabalho mais abrangente no corpo de Cristo; ultrapassando o simples vínculo com a igreja local; enquanto os permanentes são líderes locais não querendo dizer com isso que nunca poderão sair dali, mas que seu ministério os liga de forma contínua à sua igreja local. Vejamos que na igreja de Antioquia havia líderes: profetas e mestres que exerciam seu ministério ali, de forma permanente; e, de repente, Deus levanta Barnabé e Saulo para a obra missionária, que deixam aquela igreja local e partem para o campo missionário; Atos 13:1-3.

Na igreja de Jerusalém; Atos 15:1-4,18-28, da mesma forma havia líderes locais servindo à igreja de forma permanente, enquanto outros estavam chegando e saindo num ministério mais abrangente.

Na sequência seguinte de textos, temos o apóstolo Paulo chegando a cidade de Corinto e encontrando ali Áquila e Priscila; lá permaneceu por um ano e meio. Depois, parte e leva consigo esses obreiros, deixando-os em Éfeso, mas ele continua sua viagem. Nesse tempo, chega a Éfeso Apolo, que foi discipulado por esse casal; partindo, logo a seguir, para outros campos onde auxiliou muitos obreiros, pois era “eloquente e poderoso nas Sagradas Escrituras”; Atos 18:1-4;18-28. NO capítulo dezenove, ele já está em Corinto.

No capítulo vinte, o apóstolo Paulo está indo para Jerusalém e providencia um encontro com os presbíteros da igreja de Éfeso. Podemos notar que eram vários líderes locais, responsáveis por aquele rebanho do Senhor Jesus

Cristo. Já em Romanos 16:1-16, depois de abrir o capítulo apresentando a irmã Febe, que estaria passando por Roma com a possível missão de entregar sua carta, ele passa a enumerar uma grande quantidade de líderes, todos vinculados às suas igrejas locais.

Esses textos são apenas ilustrativos, havendo muitos outros que poderiam nos levar a esta mesma conclusão.

a) Quanto ao chamado.

- Transitórios: Pastores, evangelistas, missionários – No caso da igreja cristã primitiva: apóstolos e profetas.
- Permanentes: Diáconos (anciãos, presbíteros e pastores nas igrejas locais) e outros líderes diversos de acordo com a escolha da igreja.

b) Quanto ao ministério.

- Transitórios: Desbravar, implantar, dar visão, estabelecer prioridades (percepção profética), relembrar e mante vivos os fundamentos básicos da fé. Devem ser capazes de identificar o seu tempo em cada lugar, deixando a igreja bem organizada, advertida e preparada.
- Permanentes: Zelar pelo rebanho, zelar pela doutrina (identificar e combater heresias e obreiros heréticos); vigiar (fazer conexão entre o presente e o passado: doutrinas, obreiros?). Exercer contínua manutenção.

c) Quanto à fidelidade.

- Transitórios: Devem servir de exemplo aos líderes permanentes, no sofrimento e nas virtudes. Devem ser capazes de levar a igreja a executar o projeto global de Deus para os salvos e o mundo.
- Permanentes: Devem servir de exemplo ao rebanho. Devem ser os verdadeiros pastores da igreja nos momentos de transição, suprindo-lhe todas as necessidades, emocional e espiritualmente.

9. LIDERANDO COM MOTIVAÇÃO E CRIATIVIDADE.

Muitas vezes achamos que o que nos falta para alcançar nossos sonhos e objetivos na liderança são os recursos. Na verdade, não! Todos já ouviram esta frase: Nunca faltam os recursos para a obra de Deus quando ela é feita dentro da vontade de Deus!

Como imaginar um Tabernáculo sendo construído com aquele requinte de perfeição, formas, detalhes e riqueza de material por um povo que peregrinava num deserto com todo tipo de carências? No entanto, todos os recursos necessários estavam lá, disponíveis. Tudo o que seria necessário era motivação e criatividade. E isso Deus tinha de sobra! Pode parecer simples a estratégia de José para vencer os sete anos de seca. No entanto ela exigiu dele motivação e criatividade. Em ambos os casos, do ponto de vista da lógica, da razão humana, os recursos não existiam e teriam que ser gerados a partir da motivação e criatividade.

Daniel Gondrin num de seus vídeos, com o título: Motivando com criatividade, apresenta algumas ideias, figuras, metáforas para ensinar como podemos liderar, sendo positivamente criativos e indo além dos nossos limites. Ele usa a figura simples de uma escada para falar sobre crescimento. Se você quer ser um líder de sucesso, pode crescer aos poucos, estabelecendo metas: por dia, por semana, por mês, por ano. Não fica mais fácil e criativo? Ele fala da mágica do trem com seus vagões. Não é algo fantástico? Por que uma simples locomotiva pode movimentar tantos vagões? Algo absurdamente pesado? Então ele fala dos trilhos, que foram projetados para não competirem um com o outro; mas, juntos, convergirem sempre para a mesma direção.

Também o fato dos trilhos permitirem que as rodas, absolutamente alinhadas, não exerçam pressão para os lados opostos, nem para dentro de nem para fora; mas toda a sua força, harmoniosamente, as faz deslizar para frente, proporcionalmente distribuída sobre todas elas. Líderes de sucesso não desperdiçam energia, nem criam forças opostas em seu trabalho, em sua equipe. Criatividade não precisa, obrigatoriamente, ser algo tão espetacular, fantástico, inovador; mas tão somente harmonizar forças, recursos que já estão ao nosso dispor.

Segundo ele, a fórmula para o sucesso é conciliar inteligência com motivação. Duas das figuras que ele usa são o gato e o cachorro. Segundo ele, o gato é um animal inteligente, mas não tem motivação, sendo muito apático e indiferente, preferindo se agarrar a um mundo bastante limitado em termos de aventuras e realizações. Sua vida é segura, mas sem alegria. Para proteger-se, ele chega a ser desleal egocêntrico. No entanto, o cachorro é menos inteligente, mas tem uma personalidade totalmente oposta à do gato. Ele tem motivação, alegria, energia. Ele é leal e chega a correr grandes riscos em função do seu instinto empreendedor a favor do seu dono. Como consequência, ele é o grande preferido dos homens como amigo e para suas aventuras. Um líder precisa ser inteligente; mas, também, motivado. Se você não for inteligente, motivado você pode ser!

Mantenha o foco na solução e não no problema!

Uma ilustração interessante que ele usa é sobre a descoberta do velcro. Segundo ele, a partir da experiência terrível de ser ter a roupa tomada pelo carrapicho, tão comum no Brasil. Segundo ele, os brasileiros deveriam ter inventado o velcro, e não os suíços; pois aqui os carrapichos estão por toda parte. Para ele, certamente não inventamos o velcro porque, sempre que alguém teve sua roupa tomada por eles, tocou no problema e não na solução.

Imagine, levando esse principio a sério, quantas "invenções", soluções para seus problemas, um líder poderia encontrar. No entanto, não encontramos soluções porque focamos nos problemas. Creio que quando Dai foi lutar com Golias, ele focou na sua vulnerabilidade na testa, e não na impossibilidade de derrubá-lo por causa da sua armadura, tamanho, destreza, etc. Quando Daniel estava indo para Babilônia, ele focou no potencial do auxílio divino que estaria a seu favor, e nas barreiras da cultura pagã que encontraria pela frente. Da mesma forma, Neemias se propôs a reconstruir a cidade de Jerusalém, seus muros que estavam caídos e queimados, ele focou em que "O Deus dos céus é quem nos fará prosperar"; Neemias 2:20, e não no potencial dos inimigos ou dificuldades da obra. Líderes de sucesso focam nas soluções, não nos problemas!

10. O DESAFIO PERMANENTE DA EXCELÊNCIA.

"O filho honra seu pai, e o servo, o seu senhor. Se eu sou pai, onde esta a honra que me é devida? Se eu sou o Senhor, onde está o temor que me devem?" pergunta o Senhor dos Exércitos a vocês, sacerdotes. "São vocês que desprezam o meu nome! Mas vocês perguntam: 'De que maneira temos desprezado o teu nome?' Trazendo comida impura ao meu altar! E mesmo assim ainda perguntam: 'De que maneira te desonramos?' Ao dizerem que a mesma do Senhor é desprezível. Na hora de trazerem animais cegos para sacrificar, vocês não veem mal algum. Na hora e trazerem animais aleijados e doentes como oferta, também não veem mal algum. Tentem oferece-los de presente ao governador! Será que ele se agradará de vocês? Será que os atenderás?" pergunta o Senhor dos Exércitos. "E agora, sacerdotes, tentem apaziguar Deus para que tenha compaixão de nós! Será que com esse tipo de oferta ele os atenderá?" pergunta o Senhor dos Exércitos. "Ah, se um de vocês fechasse as portas do templo! Assim ao menos não acenderiam o fogo do meu altar inutilmente. Não tenho prazer em vocês", diz o Senhor dos Exércitos, "e não aceitarei as suas ofertas. Pois, do oriente ao ocidente, grande é o meu nome entre as nações. Em toda parte incenso é queimado e ofertas puras são trazidas ao meu nome, porque grande é o meu nome entre as nações", diz o Senhor dos Exércitos. "Mas vocês o profanam ao dizerem que a mesa do Senhor é imunda e que a sua comida é desprezível. E ainda dizem: 'Que canseira!' e riem dela com desprezo", diz o Senhor dos Exércitos. "Quando vocês trazem animais roubados, aleijados e doentes e os oferecem em sacrifício, deveria eu aceita-los de suas mãos?" pergunta o Senhor. "Maldito seja o enganador que, tendo no rebanho um macho sem defeito, promete oferece-lo e depois sacrifica para mim um animal defeituoso", diz o Senhor dos Exércitos; "pois eu sou um grande rei, e o meu nome é temido entre as nações"; Malaquias 1:6-14.

Em se tratando de liderança cristã, não podemos pensar em dar ao Senhor nada mais nada menos que a "Excelência". O texto que introduz este artigo é muito sério. Ele está em harmonia com tantos outros que nos remetem à mesma conclusão: para nosso Deus, só podemos dar o excelente. Não somente aqui ou ali; mas em todas as áreas.

Penso nas palavras de Jesus: "Porque os filhos deste mundo são mais sagazes para com a sua geração do que os filhos da luz", e, "Pois eu vos digo que, se a vossa justiça não exceder a dos escribas e fariseus, de modo nenhum entrareis no reino dos céus"; Lucas 16:8 e Mateus 5:20. Como desculpa, muitas vezes argumentamos que não temos os mesmos recursos do mundo. Não é verdade! Há poder em Deus! Há poder em sua mensagem! O apóstolo Paulo diz que "o evangelho é o poder de Deus!" Há recursos materiais e espirituais para oferecermos o melhor, o excelente para nosso Deus! Pensemos nos recursos materiais e humanos de que dispomos através dos membros das nossas igrejas.

Sempre estou refletindo em função das situações que se apresentam diante de nós sobre o quanto os incrédulos oferecem o melhor, o que têm de mais excelente para seus ídolos; como oferecem o mais excelente de suas energias, de seus recursos: materiais, tempo, talentos, até mesmo a própria vida. Veja os apaixonados pelos seus times de futebol; pelos seus ídolos da música, da televisão; pelo carnaval. Olhemos para o nível técnico, preparo, ensaio dos programas de televisão, que trazem a marca da imoralidade; como eles investem pesado em tecnologia e ensaios até à exaustão para venderem o adultério, a pornografia, o vício; enfim, valores contrários ao reino de Deus. Pense no quanto se prepara um artista até chegar a hora da sua apresentação; num atleta, até chegar a hora da sua competição.

Na liderança, não podemos oferecer desculpas, improvisos. Nos relacionamentos, não basta ser simpático; ficar a todo o momento dizendo:

"Desculpa", "Com licença", "Por favor", "Já irei atender"...Não! O líder simplesmente necessita fazer o trabalho com excelência, pontualidade, cortesia, valorizando as pessoas; e isso tem que estar encarnado em suas atitudes de forma contínua, e não representado num momento de atividade. É preciso fazer valer a máxima: Cem por cento para o cliente! Nosso cliente em primeiro lugar é Deus; mas, depois, ele está representado na figura das pessoas a quem servimos.

Um outro aspecto na busca pela excelência é prestar atenção aos pequenos detalhes. É aqui que quase sempre falhamos! Esquecemos que o todo, por mais perfeito, planejado, elaborado que esteja, será tremendamente afetado pelos pequeninos detalhes. No final, serão os pequenos detalhes que marcarão, deixará a primeira ou última impressão sobre seu trabalho, seu evento, sua liderança.

Na busca pela excelência, não há atalhos. Veja o método de Deus na formação de grandes líderes: Ele nunca pegou atalhos, mesmo sendo Deus! Um dos valores maiores da pós-modernidade é o imediatismo; e ele acabou se instalando como nunca nas práticas e valores do cristianismo de nosso tempo. Saul era um líder imediatista. Os amigos de Jó ofereceram atalhos para ele sair do problema. Satanás ofereceu atalhos para Jesus. A verdadeira maturidade cristã, o alvo de Deus para cada um de nós estabelecido em Mateus 5:48: "Sede vós, pois, perfeitos, como é perfeito o vosso Pai celestial"; e em Efésios 4:13: "Até que todos cheguemos à unidade da fé e do pleno conhecimento do Filho de Deus, à perfeita varonilidade, à medida da estatura da plenitude de Cristo", não pode ser fruto do imediatismo, do instantâneo, mas de uma longa caminhada com Deus.

Poderíamos fazer, ainda, muitas outras recomendações na busca pela excelência; no entanto quero terminar apenas com mais duas: temos que trabalhar a questão de fazer nosso cliente ganhar tempo. O tempo é dos bens mais valiosos hoje. Não se compra tempo! Não se toma tempo emprestado. O tempo, ou se usa ou se perde! Veja as leis atuais têm procurado legislar sobre a importância do tempo: nos bancos, nas marcações de consulta, nos atendimentos de telemarketing. A verdade é que ninguém está mais disposto a perder tempo naquilo que não é de sua preferência ou interesse imediato.

Faça seu cliente “ganhar tempo” com você, com sua organização. Uma boa reflexão seria: Como, em nossa igreja, organização, departamento, ministério, pode levar as pessoas a ganharem tempo? Vamos fazer uma lista de sugestões de como poderemos levar as pessoas a ganharem mais tempo?

Em último lugar, quero chamar a sua atenção para sua saúde e seu bom humor. Como nada sua autoestima? Você desenvolve um mecanismo “consciente” para gostar de si mesmo? Como anda seu humor? Que investimentos você tem feito em sua saúde? Pesquisas médicas têm revelado que pessoas que mantêm um estado contínuo de bom humor e uma atitude positiva diante da vida são menos propensas a problemas cardíacos; e, quando os têm, são menos propensas a terem recaídas. Eis mais um bem e valor inegociável na busca pela excelência na liderança.

O nosso Deus é o Deus da excelência, pelo que não podemos oferecer nada menos que isso a ele. Quando ele quis contratar um ourives, um carpinteiro, um marceneiro, um construtor, um bordador, um desenhista, um arquiteto, ele contratou a elite, os melhores; Êxodo 31:1-11.

Quando Saul necessitou de um harpista para o palácio real, para sua “harpaterapia”, mandou contratar o melhor; I Samuel 16:16-23. Quando Davi efetivou, profissionalizou o ministério da música no templo, só contratou as “feras”; I Crônicas 15:16-22; e quando o rei Josias restaurou este mesmo ministério, fez o mesmo; II Crônicas 34:13.

11. NINGUÉM FAZ SUCESSO SOZINHO.

Este capítulo, praticamente, é um resumo do capitulo onze do livro do Dr. John Maxwell: As vinte e uma irrefutáveis leis da liderança, “As Lei do Círculo

Íntimo", páginas 127-136, com alguns acréscimos e ou adaptações para nosso contexto.

Por maior que seja seu potencial de liderança, se as pessoas que formam seu círculo íntimo forem líderes fracos, nunca serão capazes de levar a organização ao patamar que você deseja, ainda que suas instruções sejam as melhores. Quando o líder conhece e pratica a Lei do Círculo Íntimo, formando uma excelente equipe, o seu potencial, bem como o da organização, dispara.

"O fato é que o potencial do líder é determinado pelas pessoas mais próximas dele. Se essas pessoas são fortes, o líder pode realizar grandes coisas. Se são fracas, nada feito. Essa é a lei do Círculo Íntimo".

a) *Toda organização tem um círculo íntimo.*

Examine qualquer organização, de qualquer ramo, e certamente encontrará em ação, ali, a Lei do Círculo Íntimo: igrejas, times de futebol, governos, ONGs, etc. "Não existem líderes do tipo Aventureiro Solitário". Pense nisso: SE você está só, não está liderando! Lembre-se: "Liderar é influenciar pessoas!" O especialista em liderança Warren Bennis afirma: "O líder encontra grandeza no grupo, e ajuda os membros da equipe a encontra-la em si mesmos". Liderança solitária é de pequena duração dentro dos padrões democráticos. Um típico exemplo político brasileiro foi o ex-presidente Collor. Todos os políticos que se reelegem para um segundo mandato entendem e praticam a Lei do Círculo Íntimo, para o bem ou para o mal. Pense em qualquer líder altamente eficaz, e achará alguém que se cercou de um forte círculo íntimo. Billy Graham jamais seria o líder que foi; jamais seria o evangelista que foi; jamais exerceria a influência política e religiosa que exerceu sem seu forte circulo íntimo. Seu círculo íntimo o fez maior do que ele realmente é.

Os melhores nem sempre fazem o melhor. Um grande exemplo está no esporte. Na fórmula um, nas corridas de revezamento, natação, vôlei, futebol, ciclismo, sempre vence o time que tem o círculo íntimo mais forte.

b) *Quem trazer para seu círculo íntimo.*

Se possível, trabalhe com pessoas da própria organização. Isso nem sempre é possível; mas não há nada que substituía a alegria de promover a "prata da casa". No entanto, há sempre três tipos de pessoas numa organização:

- Aquelas que a aceitam e progridem com ela;
- Os indiferentes;
- Aqueles que sempre encaram negativamente a organização. Deixe os dois últimos pra lá, e invista no primeiro.

1. Valor potencial – aqueles que sobem por si mesmos. A primeira qualidade de que um líder necessita é a de crescer por si mesmo; é a de ser motivado. Como já vimos: estar sempre crescendo, aprendendo.
2. Valor positivo – aqueles que levantam o moral da organização. Essas pessoas têm um grande valor para o círculo íntimo do líder.
3. Valor pessoal – aqueles que levantam o líder. Liderança é um fardo sempre pesado. Liderar é esta só. O líder precisa de pessoas que o apoiem; não que venham a competir com ele. Um grande exemplo foi Davi e Jônatas, bem como outros amigos leais de seu círculo íntimo. Uma excelente leitura quanto a isso é o texto de II Samuel 23:8-39.
4. Valor de produção – aqueles que sabem descobrir talentos e levantam essas pessoas. Muitos líderes somente sobrevivem enquanto têm pessoas talentosas por perto.
5. Valor comprovado – aqueles que levantam pessoas que levantam outras pessoas. São líderes que levantam outros líderes.

Se você quer continuar atingindo patamares superiores, se quer causar impacto; especialmente se já está com seu tempo esticado demais e não pode mais acumular prioridades; se, de repente, já não pode mais trabalhar "dando duro" e percebe que sua inteligência já está no limite máximo, então, só lhe reta uma alternativa: trabalhar através dos outros. Aperfeiçoar seu círculo íntimo, cercando-se das melhores pessoas possíveis. Essa é a Lei do Círculo Íntimo.

12. A IMPORTÂNCIA DO PLANEJAMENTO.

Uma das frases mais conhecidas na literatura sobre planejamento é; Aquele que falha em planejar, já planejou fracassar! Em outras palavras: o fracasso é garantido e o sucesso impossível sem planejamento. Para nossa surpresa, Deus foi o maior planejador da história. Ele planejou a criação; Gênesis 1:26; planejou a nossa salvação; II Timóteo 1:9; e todo seu relacionamento conosco, sua obra em nossas vidas, tudo é planejado. Por isso o planejamento é importante em todas as áreas da nossa vida: física, intelectual, espiritual, profissional, ministerial, familiar, financeira. Veja alguns princípios práticos sobre a importância do planejamento:

1. Você é responsável por planejar, e planejar bem; Provérbios 16:1; 21:5.
2. Você é responsável por buscar assessoramentos, aconselhamento, bons conselheiros; Provérbios 15:22.
3. Coloque seus planos no papel, detalhadamente; Habacuque 2:2.
4. Ore pedindo a bênção de Deus sobre seus planos; Provérbios 16:3.
5. Trabalhe; 13:4.

Planejamento é tentar descobrir, estabelecer previamente mecanismos, meios, processos que nos levarão a alcançar os alvos que queremos.

a) *Bases para um bom planejamento.*

Na literatura sobre planejamento, você encontrará diversos modelos, diferentes caminhos e propostas para se realizar um bom planejamento. É claro que estamos trabalhando com conceitos bastante simplificados.

Num primeiro momento, é indispensável estabelecer a Missão, a Visão e os Valores da sua organização. Alguém já disse que se você não sabe aonde quer chegar, qualquer lugar serve; ou, então, nunca saberá se chegou. Missão é o que a organização pretende ser, resolver e fazer; a razão da sua existência; enquanto a Visão é como a organização pretende chegar lá; como ela irá ser, resolver e fazer sua missão. Os valores de uma organização constituem-se nos princípios éticos que norteiam seu trabalho; aquilo em que ela credita. Em se tratando de uma organização evangélica: os valores bíblicos que dão sustentação ao seu ministério, trabalho; aquilo em que ela crê.

Para ilustrar, quero apresentar a Declaração de missão, visão e valores de nossa igreja em Araraquara, da qual fui pastor por seis anos.

b) Declaração de Missão – A Igreja Batista Memorial, existe para adorar a Deus através de seu ministério: pelo serviço dos seus membros; pela pregação da santa e bendita Palavra; pelo ensino e discipulado, conduzindo todos à maturidade em Cristo Jesus; pela adoração nos cultos; e pela prática do amor, na comunhão e no cuidado mútuos.
c) Declaração de Visão – Ser uma igreja que, em meio às transformações e diferenças culturais, sociais, políticas e religiosas, consiga vivenciar a essência do evangelho tal como o Senhor nos transmitiu.
d) Declaração de Valores – Cremos que o ministério cristão se exerce em absoluta fidelidade aos princípios emanados do coração de Deus, conforme nos foram revelados nas Sagradas Escrituras.
e) Para um bom planejamento, você precisará responder às seguintes perguntas:

- O quê – O que vamos fazer?
- Quando – Quando ocorrerá a atividade?
- Onde – Em que local acontecerá a atividade? Será necessário transporte?
- Quem – Quem será responsável pela atividade?
- Como – Qual o método, que processos serão usados?
- Recursos – De que recursos necessitaremos?

- Para quê – Qual o objetivo? O que se deseja como resultado final?
- Comunicação – Como as pessoas serão informadas, se envolverão se relacionarão? Como será feita a comunicação entre os envolvidos (a equipe) e os que serão alcançados.
- Avaliação – Que instrumentos serão usados para avaliá-la a eficiência do projeto ou empreendimento realizado?
- Manutenção – Como será feita a manutenção do projeto, do empreendimento?

Pode parecer simples, mas ao responder essas perguntas com sinceridade e critérios bem elaborados, você terá, ao final, um bom planejamento daquilo que pretende realizar, com excelentes chances de êxito. São conceitos e passos tão conhecidos em planejamento que você encontrará, com facilidade, diversos formulários já elaborados que atendem e facilitam na elaboração destes passos.

13. **ACEITE O DESAFIO DA LIDERANÇA.**

Caminhamos até aqui procurando aprender sobre Liderança. Neste nosso último enunciado, quero fazer um apelo direto do coração de Deus ao seu coração, para que aceite o desafio de ser um líder.

a) *Aceite o desafio de ser um líder.*

O Senhor Jesus disse que a seara é grande e os obreiros são poucos. Com certeza, não é por falta de gente, dons, capacitação do Espírito Santo, mas por omissão, falta de consagração, falta de visão.

Vejamos I Crônicas 9:10-13: "E dos sacerdotes: Jedaías, Jeoiaribe e Jaquim; Azarias, filho de Hilquias, filho de Mesulão, filho de Zadoque, filho de Meraiote, filho de Aitube, regente da casa de Deus; Adaías, filho de Jeroão, filho de Pasur, filho de Malquias; Maasai, filho de Adiel, filho de Jazera, filho de Mesulão, filho de

Mesilemite, filho de Imer; como também seus irmãos, chefes de suas casas paternas: mil, setecentos e sessenta homens capacitados para o serviço da casa de Deus.

São um total de 1.760 homens remunerados para um templo que não tinha a regularidade de cultos e serviços como é a da igreja de Cristo Jesus hoje, bem como a natureza e exigência de ministérios tão específicos, diversificados e especializados como a da multiface do ministério cristão hoje. Nele, podemos identificar: sacerdotes principais, auxiliares; porteiros gerais; porteiros para a porta pela qual o rei entrava; de diversas instâncias do templo; encarregados do ministério e auxiliares; regentes; responsáveis pelas câmaras (depósitos); responsáveis pelo tesouro (recursos financeiros); encarregados pelos utensílios do templo (eram contados quanto trazidos e levados; I Crônicas 9:28); encarregados dos móveis; da flor de farinha; do vinho; do azeite; do incenso; das especiarias; responsáveis por fazer especiarias; os que cuidavam das assadeiras; outros que preparavam os pães da proposição; cantores. Era realmente muita gente.

b) *O que aprendemos?*

- Ora, considere a missão da igreja em Mateus 28:18-20; Marcos 16:14-18, quem necessita de mais obreiros?
- Considere a natureza da igreja em I Coríntios 12. Quem necessita de mais obreiros?
- Considere o ministério, o serviço que a igreja deve prestar em I Pedro 4:10, quem necessita de mais obreiros?
- Considere o chamado, a vocação, o status espiritual dos crentes em I Pedro 2:9, quem necessita de mais obreiros?

O Senhor Jesus disse que somos "sal da terra" e "luz do mundo". Que nossa luz deve "brilhar nas trevas". O campo missionário de cada crente, de cada congregação local é sua "Jerusalém, Judéia, Samaria e até os confins da terra". Se você realmente ama ao Senhor Deus, Jesus fez essa mesma pergunta a Pedro três vezes, até que ele compreendesse sua dimensão e, de forma comprometida, respondesse: Tu sabes que te amo!

Então ele disse: apascenta minhas ovelhas! Se você verdadeiramente ama a Deus, dando a ele a mesma resposta de Pedro, então ele também está dizendo: Apascenta minhas ovelhas! Não estamos falando de pastorado, nem de evangelismo, nem de ensino ou discipulado; mas de ministério cristão de conformidade com seu chamado.

Você aceita o desafio de ser um líder no reino de Deus e na igreja do Senhor Jesus Cristo?

O ACONSELHAMENTO BÍBLICO NO MINISTÉRIO PASTORAL E ECLESIÁTICO!

OBJETIVO:

a) Capacitar lideres, diáconos, evangelistas e demais membros na supervisão do pastor, transformar a igreja numa comunidade terapêutica;
b) Elevar a igreja a ser, uma enfermaria com sensibilidade de desenvolver habilidades que possa ser o melhor lugar para todos que vierem a congregar nela.

CONTEÚDO PRAGMÁTICO.

1. A importância do aconselhamento.
2. Eu também posso ajudar?

3. A preparação para o ministério de aconselhamento.
4. As atitudes do conselheiro.
5. Como ajudar alguém que está em crise.
6. A auto avaliação do conselheiro.
7. Assistência e visita aos enfermos.

ATIVIDADES PRÁTICAS PROGRAMADAS.

a) Exercitar a prática de ajudas a todos que estiverem necessitando de apoio, amor, carinho e ânimo;
b) Desenvolver o interesse pela busca de poder ajudar aqueles que estiverem naufragando na vida sentimental.

HOMILÉTICA PARA PREGADORES LEIGOS!

OBJETIVO:

1. Capacitar, obreiros, pregadores leigos, professores para Escola Bíblica Dominical e demais lideres no preparo de mensagem, estudos bíblicos e na interpretação correta das Sagradas Escrituras;
2. Levar os líderes a exercerem a prática da leitura diária das Sagradas Escrituras e a viver uma vida prática devocional.

CONTEÚDO PRAGMÁTICO.

1. O SERMÃO.
    1. Introdução;
    2. Os objetivos da pregação da palavra;
    3. A ideologia do sermão;

4. Os textos bíblicos para preparação da mensagem;
5. Passos para confecção do sermão;
6. A estrutura do sermão.

2. A RETÓRICA.
   1. A voz;
   2. A fonação;
   3. A dicção;
   4. A leitura em pública das Sagradas Escrituras.

ATIVIDADES PRÁTICAS PROGRAMADAS.

1. Levar ao líder o desafio de está sempre atento preparando novos estudos, devocionais, mensagens e outros;
2. Cobrar de si mesmo, o interesse de novas buscas de conhecimentos que ligue o desejo de está sempre aprendendo.

CURSO DE HOMILÉTICA PARA PREGADORES LEIGOS!

Procura apresenta-te a Deus aprovado, como obreiro que não tem de que se envergonhar, que maneja bem a palavra da verdade; II Timóteo 2:15.

INTRODUÇÃO:

1. *O lugar da pregação e o seu poder no Novo Testamento.*

- Jesus conhecia totalmente as Sagradas Escrituras e a manipulava com grande facilidade;
- Seu ministério se notabilizou por ser um pregador diferente e itinerante;
- Sua pregação era impressionante, Ele era um grande pregador;

- Os discípulos do Senhor Jesus, por sua vez, também julgaram importante e fundamental o ministério da pregação para a igreja e para o cristianismo; Atos 6:4.
- Para eles, oração e pregação deviam andar juntas;
- Quando Jesus subiu aos céus, nos enviou para pregar o seu evangelho;
- No livro de Atos, temos registrado o lugar e o poder da pregação na igreja primitiva.

2. *Pregação e ensino.*

- Há uma palavra grega para definir pregação que é Kerygma, cuja tradução literal significa pregação;
- O essencial de Kerygma era apresentar Jesus como cumprimento das profecias do Velho Testamento;
- A pregação apostólica nada mais era do que relatar as profecias do Velho Testamento e como se cumpriram em Jesus Cristo como o Messias prometido por Deus em todas as Escrituras acerca de Jesus;
- Após a apresentação do essencial, os apóstolos precisavam instruir os novos convertidos, mostrando-lhes as implicações do Kerygma para a vida diária;
- Essa instrução foi chamada de Didachê, cujo significado é ensino.

3. *O porquê da decadência da pregação nos dias atuais.*

- Com o desenvolvimento do cristianismo, os pregadores deixaram o Kerygma e se dedicaram ao didachê, enfraquecendo a pregação;
- Um outro elemento enfraquecedor, foi que didachê passou a ser sinônimo de pregação;
- Os pregadores passaram a fazer outras coisas;
- Negligenciamos a preparação do sermão por ignorância bíblico-teológica (a letra mata, o Espírito Santo é quem dá a mensagem);

- Há um desprestígio para com o ministério pastoral e da pregação;
- Há uma confusão quanto ao verdadeiro papel do pregador.

4. *Como restaurar a pregação?*

- Dar maior ênfase nas aulas de homiléticas nos seminários;
- Restaurar a visão da igreja primitiva na igreja local dos dias atuais;
- Restaurar o pregador: mais preparo para pregar, mais preparo do sermão, gastar mais tempo com a palavra, fazer disso sua função primordial;
- Restaurar a visão da importância do pregador leigo, mesmo não sendo um "pregador", pregar é uma grande responsabilidade. Ex: Estevão, Felipe.

5. *Sinais de sua revitalização nos dias de hoje.*

- Há mais ênfase nos seminários;
- Há muitos pregadores gastando mais tempo no preparo dos seus sermões e se especializando;
- Há uma plêiade de pregadores eruditos e eles estão sendo valorizados;
- Os ouvintes estão clamando por pregadores melhores preparados;
- Ainda reconhecemos que é nossa principal função;
- Muitos pregadores leigos estão reconhecendo que, mesmo não sendo pregadores, devem se preocupar com sua responsabilidade ao pregar;
- Muitos pastores estão reconhecendo que, de todas as suas atividades semanais, a de pregar dever a principal.

6. *Origem da pregação bíblica.*

- Influência do Mundo Antigo Greco-Romano (a antiga oratória);
- Profecias hebraicas, com seu inicio e forma nas sinagogas, formando-se com mais expressão no exílio;

- João o Batista. Ele é o precursor da pregação bíblica cristã, sendo quem faz a transição da profecia hebraica para a pregação evangelística;
- Até o ano 300 d. C. a pregação bíblica estava restrita às casas e praças públicas;
- A partir daí, com a invasão pelos cristãos dos templos pagãos, estes se converteram em templos cristãos, saindo os pregadores das casas e covas e indo para as grandes catedrais.

7. *Fontes da pregação apostólica.*

- Velho Testamento as interpretações dadas por Jesus Cristo;
- Os apóstolos, as experiências que tiveram com o Senhor Jesus Cristo;
- O ministério de Jesus Cristo foi marcado por: eventos, milagres, sermões relacionamentos, atitudes;
- As interpretações individuais eram dadas a tudo isso.

8. *Períodos da pregação bíblica.*

- Os pregadores primitivos, que vai até o ano 70 d. C;
- Os pregadores patrísticos, que vai do ano 70 a 430 d. C.
- Os pregadores médios, que vai do ano 430 a 1095 d. C.
- Os pregadores escolásticos, que vai de 1095 a 1361 d. C.
- Os pregadores da reforma, que vai de 1361 a 1572 d. C.
- Os pregadores dogmáticos, que vai de 1572 a 1738 d. C.
- Os pregadores evangélicos, que vai de 1738 a 1900 d. C.
- Os pregadores atuais, que vai de 1900 d. C. até os dias atuais.

OS OBJETIVOS DA PREGAÇÃO DA PALAVRA.

O conceito da palavra homiléticas – significa a arte de pregar. Coleção de homílias ou textos religiosos selecionados que devem ser proclamados ao um determinado grupo de ouvintes.

1. *Objetivo general.*

- Deve ser de levar, trazer vida ao povo. A vida abundante. Vitória em todas as áreas do discipulado bíblico.
- Um sermão sobre mordomia pode ter em mente elevar as entradas da igreja; mas, também, não deve ser apenas isso; mas levar os crentes a serem mordomos fiéis;
- Vida abundante é saber viver vitoriosamente em Cristo Jesus, apesar das circunstâncias e aspectos negativos da vida; e este trabalho é um objetivo geral da pregação bíblica.

2. *Objetivos principais.*

- A pregação deve ter alvos imediatos para atender as necessidades humanas, quer como crentes ou incrédulos;
- Existem seis necessidades básicas do homem;
- Salvação, que é profunda – É a mola propulsora de todas as demais;
- Crescer na sua devoção a Deus - Nossa salvação não é para que preguemos, mas sim para que adoremos a Deus, o amemos que é o primeiro mandamento;
- Desenvolver-se na compreensão da verdade divina – discipulado, aprendizado e ensino;
- Relações sociais – Precisamos ajudar nossos ouvintes a se desenvolverem neste aspecto moral, ético. Ainda somos cidadãos de duas pátrias;
- Consagração maior, que é um serviço cristão, mais dedicado – mordomia cristã, viver para a glória de Deus.
- Conforto – É muito mais fácil usar o chicote do que consolar.

Um sermão deve ser preparado de modo a atender todas essas necessidades básicas dos ouvintes. Assim sendo, temos seis objetivos principais:

- Evangelístico – Salvação;
- Devocional – Crescimento no amor de Deus;
- Doutrinário – Desenvolver-se na compreensão das verdades divinas;
- Ético – Relações sociais;
- Consagração – Dedicação e submissão ao Senhor;
- Consolação – Confortar, afagar o coração.

Todos os que se sentem chamados para pregar o evangelho devem assimilar e praticar isso até estar estruturado em suas mentes.

3. *Objetivo específico.*

O que é que eu, como pregador, preciso que meus ouvintes façam como resultado do meu sermão? A IDEOLOGIA DO SERMÃO.

Toda e qualquer mensagem começa com a ideia do pregador em seu coração. Esta ideia nasce do trabalho, da pesquisa, dos contatos, das experiências do dia a dia, da leitura das Sagradas Escrituras, da oração, do ouvir um sermão que já foi pregado por alguém.

1. Fontes para as ideias do sermão ou da mensagem.

a) As experiências do povo.

- O pregador deve conhecer as necessidades do seu povo. Como conseguir isso? Ter um mente, um olhar observador. Ser um explorador de ideias.
- Conhecer a natureza humana. Ela é a mesma em todos os lugares, costumes e culturas. É sempre de indagar sobre tudo que vê, sente e pelo que passa na vida.
- Conhecer a época da qual faz parte, as características da sua geração, a história do homem, suas transformações, o cotidiano de cada um. O

pregador precisa conhecer a sua igreja ou congregação, fazendo um levantamento e colhendo informações. Conhecer de perto as tragédias, as calamidades da vida, homens que já passaram pelas mesmas experiências. Conhecer as horas alegres e tristes da vida: nascimento de filhos, casamentos, formaturas, funerais, doenças terminais. Conhecer a si mesmo, sabendo suas próprias necessidades; pois, sendo o pregador um ser humano, saberá compreender as necessidades dos outros.

b) As Sagradas Escrituras.

Porque a Bíblia é a revelação progressiva de Deus, indo ao encontro das necessidades humanas. Seja qual for a situação ou problema do povo, a solução está nas Sagradas Escrituras. A palavra "texto" vem do latim "texter" ou tessitura que é tecer, construir, fazer um pano. Por que usar o texto bíblico para a pregação?

- Há um elemento cultural. O texto ajuda a conseguir a atenção do povo para a mensagem, dado o costume e a ideia de que se vai ouvir "a palavra de Deus";
- A base bíblica reveste a mensagem ou sermão de autoridade;
- Ajuda o pregador na preparação da mensagem;
- Evita que o pregador se esgote;
- Contribui para o pregador e o povo crescerem na graça e no conhecimento do Senhor Jesus Cristo;
- Vai proporcionar variedade na pregação;
- Nos salva das heresias e "verdades humanas"

2. Como posso achar os textos bíblicos para minha mensagem ou sermão.

- O texto deve estar à altura dos ouvintes e de acordo com as suas necessidades;
- Deve ter uma unidade completa de pensamento;

- Deve ser claro e simples. Deve levar a uma afirmação positiva;
- O pregador deve escolher textos conhecidos e bem estruturados;
- Ocasionalmente, devem ser escolhidos textos novos e diferentes;
- Escolher textos variados diferentes assuntos;
- Escolher mais de um texto que afirme a mesma mensagem. Exemplos; Hebreus 9:22 com I João 1:7; Isaías 6:3 com Salmos 72:19, evitando o exagero na repetição.
- Achar um texto que apresente uma pergunta (um problema) e um que apresente a resposta (solução). Exemplos: Salmo 8:4 com Romanos 8:16; Lucas 21:25 com 14:27.
- Textos que apresentem contrastes; Isaías 55:6 com Mateus 11:28.
- Textos que indiquem vários aspectos da mesma verdade; Gálatas 6:5 com Gálatas 6:2, com Salmos 55:22.
- Textos que apresentem a progressão de um pensamento; João 10:20; joão 7:12; Mateus 16:16; João 20:28.
- Alguns textos levam (possuem) palavras que podem ser consideradas, aplicadas diferentemente. Exemplo: a palavra "se" em João 11:19,10,12,21,40.

PRINCIPIOS HERMENÊUTICOS DE INTERPRETAÇÃO BÍBLCA.

Um dos deveres mais sagrados do pregador é interpretar e aplicar o texto à luz do que o autor do texto quis transmitir ao povo quando escreveu. Há de existir uma interpretação verdadeira!

As Escrituras Sagradas são a revelação de Deus aos homens com o propósito de redimi-los. Então, se a vida dos homens e de suas almas depende de nossa interpretação fiel das Escrituras, nossa responsabilidade é muito grande.

É necessário reconhecer o caráter duplo das Escrituras: divino e humano, procurando descobrir o que Deus está falando naquele texto. O autor do escrito é um agente, Deus é quem está falando. O interprete das Sagradas Escrituras deve saber a sua unidade. O tema é a mensagem redentora de Deus. Sendo a Bíblia mensagem divina, ele possui passagens preconizadoras da redenção do homem e há, também, passagens não preconizadoras da salvação; pelo que o pregador deve tomar cuidado para não pregar (estabelecendo verdades) sobre palavras proferidas por homens não inspirados: Gamaliel, Anás, etc. Sendo, também, a Bíblia revelação divina, milagres são possíveis e estão presentes nela, pelo que devem ser interpretado à luz de por que o autor os colocou ali.

Caráter humano – Devemos tentar compreender o que o autor queria dizer e o que os seus ouvintes entenderam:

1. O sentido simples e mais óbvio deve ser aceito como o significado verdadeiro da passagem;
2. As Sagradas Escrituras só têm um sentido ou interpretação. Devemos procurar uma única interpretação e encarar a mensagem como sendo literal, a aplicação é outra coisa;
3. O autor do texto deve ser interpretado em conexão com ele mesmo, com a sua própria história;
4. Para uma interpretação correta, o interprete deve, obrigatoriamente, levar em consideração o fundo histórico;
5. Observar à lógica. Interpretar a passagem dentro do seu contexto. Não isolar a passagem;
6. A linguagem das Sagradas Escrituras deve ser entendida à luz do sentido no tempo do autor;
7. O estilo literário da linguagem deve ser considerado. Não confundir prosa com a poesia.

PASSOS A SEGUIR PARA UMA INTERPRETAÇÃO BÍBLICA ADEQUADA.

Interpretar é tentar seguir o pensamento do autor de acordo com o texto, usando símbolos deixados por ele, ou seja, a sua própria linguagem.

1. AVALAIR A LINGAUGEM DENTRO DO CONTEXTO HISTÓRICO.

- Conhecer o autor e sua história;
- Qual é a autentica missão do autor;
- Conhecer seus hábitos mentais, sua maneira de pensar, sua lógica; Ex: I Coríntios 14.
- Opiniões e ênfases que ele fazia nos seus escritos;
- Conhecer os destinatários, suas necessidades e o ambiente em que viviam;
- Conhecer a maneira pela qual o autor se interessa pelos leitores, tais como: Foram ganhos para Cristo por ele, por outras pessoas, etc.;
- Quais os propósitos e motivos do escritor ao escrever a carta?
- Quais são as condições geográficas, políticas, sociais, costumes, etc., tanto do escritor como de seus leitores?

2. CONSIDERAR O TEXTO DE ACORDO COM O CONTEXTO BÍBLICO.

- Estudar minuciosamente o texto em si, fazendo uma interpretação pessoal;
- Se não souber o original, faço uso de comentários; etc.;
- Dar atenção especial a figuras de linguagens metafóricas: tesouro, pérola, sal, luz;
- Estudar o contexto imediato, fazendo uma conexão imediata. Os textos não começam e terminam necessariamente com a numeração do próximo versículo ou capitulo;
- Estudar o texto à luz do seu contexto mais remoto;
- Ter conhecimento da situação no momento da escrita;
- O pregador deve fazer uma interpretação que seja de acordo com os ensinos gerais das Sagradas Escrituras; jamais contrariando outros textos ou princípios bíblicos já consagrados;

- Lembrar que a revelação bíblica é progressiva; entendendo o Velho Testamento à luz do Novo Testamento;
- O estudo do contexto remoto inclui o estudo cuidadoso das referencias bíblicas que achamos dentro do texto. Exemplo: Onde se encontra esta palavra em outro texto?
- Observar como o assunto em estudo é apresentado em outros lugares da Bíblia em circunstâncias diferentes;
- Observar se esta expressão é usada simbolicamente em outro lugar;
- Este material todo vai servir como conteúdo para seu sermão. Exemplo: Ilustrações.

Devemos usar, preferencialmente, ilustrações bíblicas.

3. O TEXTO BÍBLICO E AS VERDADES DESCOBERTAS NA PASSAGEM.

- Não basta descobrir as verdades do texto Sagrado. É necessário descobrir como aplica-las atualmente;
- Descobrir a verdade principal e descrevê-la com clareza;
- Alistar as demais verdades significativas da passagem;
- Alistar as verdades e suas aplicações práticas:

EXEMPLO: Texto João 4:1-42.

a) VERDADES.

1. Jesus é o Messias.
2. A superioridade de Jesus.
3. Jesus, a água da vida.

b) APLICAÇÕES PRÁTICAS.

1. Como Messias, Ele é o Salvador;
2. Os ouvintes não devem se satisfazer com coisas menores, secundárias.
3. Como água, Ele mata a sede de todos, dá vida a todos.

4. Deus é espírito – As necessidades básicas dos homens são espirituais.
5. Jesus é a vida eterna – Onde você viverá a sua eternidade?

Faça este mesmo exercício com o texto de Efésios 2:1-10.

PASSOS PARA A CONFECÇÃO DO SERMÃO.

1. Ter uma ideia;
2. Relacionar esta ideia com uma necessidade do povo da igreja;
3. Separar um texto básico;
4. Criar um objetivo principal;
5. Estabelecer uma proposição;
6. Estruturar o sermão ou fazer seu esboço;

- Título/Tema;
- Introdução;
- Divisões;
- Conclusão; Aplicação;
- Apelo (objetivo específico).

TRABALHANDO COM A IDEIA PRINCIPAL DO SERMÃO.

1. O que fazer com a ideia?

- Estabelecer um relacionamento da ideia ao com texto, à proposição e ao objetivo principal;
- Toda e qualquer ideia que surgir, deve ser alicerçado com um texto bíblico;

2. Como relacionar o texto com a ideia principal.

- Você pode tirar a ideia principal diretamente do texto; Ex: João 3:1-7 – Não há dúvida de que a ideia central do texto é "a necessidade de nascer de novo";

- A ideia pode ser tirada do texto, podendo ela ser subordinada, secundária, de segundo plano; mas tem que ser bíblica. Se ela é relevante para o povo, deve se aproveitada. Ex: João 3:1-7, "O crente não deve se surpreender com as verdades humanamente impossíveis ensinadas por Jesus";
- Tirar a ideia da passagem usando o raciocínio lógico. Existem dois processos:
- Dedutivo – Parte do geral para o particular; Ex: Romanos 12:9, "Aborrecer o mal e apegar-se ao bem", Romanos 14:23, "Tudo que não é por fé, é pecado"; "Não fazer as coisas com dúvida",
- Indutivo – Parte do particular para o geral. Ex: Lucas 12:13-21 – O rico insensato. Podemos pregar sobre a cobiça, porque se falarmos aos que estão procurados com o mantimento que vão guardar (o que é um valor, uma ideia ilustrativa) vamos falar a poucas pessoas;
- Através de deduções analógicas (analogia). Quando houver verdades semelhantes aplicáveis em situações diferentes. O que é verdade numa, por analogia, pode ser verdade noutra situação. Ex: Mateus 18:15-17, serve para:

1. Tratar do pecado na igreja ou na congregação;
2. Reconciliação dos irmãos;
3. Estabelecer verdades, só a partir de duas ou três testemunhas;
4. Como excluir um membro da igreja;
5. A ideia pode ser tirada do texto por meio de sugestões e deduções. Ela não está no texto, mas há uma sugestão. Está implícita. Ex: Filipenses 4:10-13. "Cristãos, apesar de tudo".

A PROPOSIÇÃO DO SERMÃO.

A proposição é uma declaração breve e afirmativa da ideia central da mensagem. É o sermão resumido numa só sentença. É o passo mais importante na preparação do sermão.

EXEMPLOS DE PROPOSIÇÃO:

Título/Tema 1 – O Novo Nascimento; João 3:1-18.

Proposição 1 – "Qualquer que seja a classe social ou cultura do homem, ele precisa de uma experiência transformadora que é realizada somente pelo Espírito Santo".

Título/Tema 2 – Um novo dia e uma nova vida; II Coríntios 5:17.

Proposição 2 – "A gente sempre pode começar de novo quando entrega a vida ao Senhor Jesus Cristo". Título/Tema 3 – Vitória através do fracasso; Salmos 40:1-4.

Proposição 3 – "Nossas falhas podem ser utilizadas como passos para vitória". Características de uma boa proposição.

1. Deve ser breve e concisa, contendo entre oito a quinze palavras no máximo;
2. Deve despertar interesse dos ouvintes;
3. Deve evitar qualquer referência a dados históricos, imoralidade, lugares, eventos, dados numéricos; etc.
4. Deve deixar uma abertura, uma pista ou sugestão para a estruturação da mensagem.

O VALOR DA PRSENÇA DE DEUS E DO ESPÍRITO SANTO NA PREGAÇÃO.

A presença divina resulta em vitalidade na pregação. Devemos orar muitas vezes sobre o assunto ou ideia que vamos usar na preparação da mensagem. Somente devemos chegar ao púlpito depois de termos a certeza de que todo o processo de preparação da mensagem foi liderado pelo Espírito Santo, e que aquele sermão foi dado por Deus. Isso com certeza produz:

1. Grande senso de paz interior;
2. Senso de autoridade na pregação; Amós 7:14-17.
3. Senso de ousadia e intrepidez; Atos 13:40-44.

4. Senso de utilidade, prioridade e urgência.

ESTRUTURA DO SERMÃO BÍBLICO.

Título/Tema.

Todo sermão ou mensagem tem que ter um título ou tema. Eles podem surgir a qualquer momento na fase de preparação do sermão.

1. O porquê de um bom título ou tema.

- Ajuda os ouvintes a compreender o propósito da mensagem do pregador;
- Ajuda o pregador a identificar e limitar o seu sermão, o seu material de apoio;
- Ajuda os ouvintes a relembrarem o sermão, a estrutura e os pontos principais;

2. Qualidade de um bom título ou tema.

- Que seja interessante e não sensacionalista. O título sensacionalista chama a atenção para o pregador; Ex: A vida sexual de Sansão; Caçando pulgas; Beijar no escuro; Um pregador batista que perdeu a cabeça num baile. O título ou o tema deve ser interessante aos homens!
- Deve ser claro, mas não revelador; dizendo o que o pregador pretende dizer, mas não o que ele vai dizer. Ex: O que Cristo faz para a alma; A mensagem de Deus aos leigos; O evangelho segundo os inimigos de Jesus Cristo;
- Deve ser curto, mas não abrupto rude ou grosseiro. Ex: O poder de Deus na vida dos homens;
- O Título ou tema deve ser espiritual> Há títulos que não merecem nossa atenção. Ex: O Ocidente e a Rússia. A Bomba atômica cairá.

3. O valor pedagógico do título ou tema da mensagem.

- Palavra enfática – Você coloca uma palavra enfática no título que servirá de atração. Ex: O (Valor) de ser dizimista. Vamos falar do valor e não do dizimo. O (Poder) do evangelho. A terminologia poder é que vai desencadear a discussão da mensagem.
- Título ou tema interrogativo – Ex: Quem despreza o dia das coisas pequenas? Zacarias 4:10. Por que ter cuidado da sã doutrina? Por que ler as Sagradas Escrituras?
- Título ou tema imperativo – Ex: Tenha cuidado da doutrina! Sede Santos!
- Título ou tema declarativo – Você vai desenvolvê-lo indicando o significado da declaração. Ex: A salvação pertence ao Senhor; Jonas 2:9.

A INTRODUÇÃO DO SERMÃO.

Ela é a parte inicial da mensagem em que o pregador apresenta o assunto a ser abordado, seu objetivo específico, objetivo principal e proposição. A melhor hora para preparar a introdução do sermão pronto.

1. A importância de uma boa introdução.

- A ajuda a despertar o interesse dos ouvintes. Deve começar onde os ouvintes estão e, então, conduzi-los até onde o pregador deseja;
- Ajuda a tornar claro o propósito do sermão. A sentença inicial da introdução deve ser a mais importante. A introdução deve apresentar a ideia central do sermão, uma apresentação e uma explicação do texto bíblico, bem como uma referência ao tema ou ao título.
- Serve para estabelecer um ambiente favorável entre o pregador e todos os ouvintes.

2. Características de uma boa introdução.

- Deve abordar o assunto de forma interessante, mas sem exagero;

- Deve ser curta, mas não abrupta;
- Deve ser apropriada à ocasião, ao orador e à mensagem;
- Deve ser cordial sem ser efusiva;
- Deve ser clara sem antecipar os fatos;
- Deve variar a cada sermão.

3. Tipos de introdução.

- Textual – Compreendida por ler o texto e explica-lo na medida do necessário;
- Contextual – Observa e destaca e conteúdo do texto no seu "pano de fundo";
- Dramática – Usa um incidente, de onde se pode fazer uma aplicação ao assunto a ser abordado;
- Introdução tópica – Apresenta o tópico e justifica-o, fazendo uma abordagem tópica;
- Introdução pelo problema - Todo e qualquer sermão deve ter como objetivo a solução de problemas das vidas presentes. Você pode apresentar seu sermão com um problema cuja solução está no assunto a ser abordado;
- Citação notável – Texto de II Coríntios 5:15. Pode ser uma citação notável não bíblica, também;
- Introdução por ilustração ou manchetes interessantes;
- Introdução psicológica, como no caso de Paulo em Atenas "Ao deus desconhecido".

A DIVISÃO DO SERMÃO.

Existem várias formas de se abordar a ideia geral de maneira sistemáticas, lógica, pedagógica, facilitando a assimilação pelos ouvintes:

1. Você pode fazer uma abordagem partindo das causas do assunto. Ex: "A negação de Pedro"; Marcos 14:66-72.
Proposição: Um servo de Deus não chega a negar o seu Senhor se não através de um trágico processo de declínio espiritual.

1. Demasiada autoconfiança;
2. Grande descuidado na oração;
3. Defender a causa de Cristo Jesus com as armas da carne;
4. Seguir a Jesus Cristo de longe;
5. Quando abandonamos a comunhão com os irmãos.

2. Você pode abordar o assunto por observar os efeitos do mesmo. Ex: "Os frutos da incredulidade"; Números 14:1-12.
Proposição: Os efeitos (frutos) da incredulidade são desastrosos, trazendo prejuízos ao nosso crescimento espiritual.

1. A incredulidade denigre o caráter de Deus;
2. A incredulidade compromete o caráter do homem;
3. A incredulidade prejudica a obra de Deus;
4. A incredulidade provoca a ira de Deus.

3. Você pode desenvolver o sermão abordando as razões que apoiam a sua tese, a proposição; Ex: "Faça-se a vontade do seu Deus"; Atos 21:14.Proposição: O povo cristão sempre deve ser caracterizado pela atitude de submissão à soberana vontade do seu Deus.

1. Honra o nome do Senhor Jesus Cristo;
2. Traz bênçãos para os seus filhos.

4. Você pode abordar s meios pelos quais vamos alcançar o que queremos; Ex: "Como o pecado engana os homens"; Romanos 7:11.
Proposição: O domínio universal que exerce o pecado deve-se à sua extrema habilidade em como enganar o crente.

1. O pecado engana o homem mediante a glorificação dos seus supostos benefícios;
2. O pecado engana o homem mediante o descrédito à doutrina do castigo;
3. O pecado engana o homem mediante a apresentação de falsos caminhos de salvação.

5. Você pode abordar o assunto dando o significado de algo mencionado no título. Ex: "A vida digna do evangelho": Filipenses 1:27-30.

Proposição: Propomos observar o que significa uma vida digna do evangelho.

1. Significa uma vida de paz verdadeira;
2. Significa uma vida de combate constante;
3. Significa uma vida de fé viva.

6. Você pode abordar o assunto levantando perguntas lógicas sobre ele; Ex: "O novo nascimento"; João 3:1-18.

Proposição: "Proponho apresentar alguns aspectos do novo nascimento".

1. O que é o novo nascimento;
2. Quem necessita deste novo nascimento;
3. Como pode o homem obter o novo nascimento.

Você pode abordar o assunto por levantar perguntas e respostas sobre ele.

a) Você pode analisar e responder perguntas bíblicas sobre o assunto. Ex: "Uma pergunta importante e sua resposta certa"; Atos 16:24-34.

Proposição: A pergunta e a resposta certa sobre a salvação são da maior importância para um ser humano.

- Que é necessário que faça para me salvar?
- Crê no Senhor Jesus e serás salvo!

b) O pregador mesmo pode levantar as perguntas e dar as respostas fora do texto. Ex: "A Espada o a Toalha?" João 13:4; 18:10.

Proposição: A espada e a toalha representam, de maneira simbólica, as atitudes com que o ministro do evangelho pode se aproximar do seu trabalho.

- Devemos escolher a espada para exercer nosso ministério? Claro que não!
- Devemos escolher, então, a toalha? Com certeza!

8. Você pode indicar algumas sugestões naturais sobre uma metáfora; Ex: " A Água da vida"; João 4:10.

Proposição: O homem precisa buscar a água da vida que se encontra unicamente em Cristo Jesus.

1. Nele temos um depósito de abastecimento inesgotável;
2. Nele temos um rio caudaloso;
3. Nele temos um vaso com que tomar este liquido refrescante;
4. Nele temos uma bebida que sacia a nossa sede eternamente.

9. O assunto pode ser abordado seguindo as divisões naturais do texto. Ex: "O Evangelho original"; Marcos 1:1-8.

Proposição: Nós devemos observar quais são as características do evangelho quando em sua forma original.

1. O evangelho original se baseava na palavra de Deus; v.1-3;
2. O evangelho original concitava os homens à necessidade de arrependimento; v.4.
3. O evangelho original assinalava Cristo como libertador do poder do pecado; v.7.

A CONCLUSÃO

1. A importância da conclusão – A conclusão é a parte mais importante da mensagem. O pregador deve saber e como vai começar e terminar a sua mensagem.
2. Qualidades de uma boa conclusão.

- Preparo cuidadoso;
- Deve ser apropriada ao sermão, estando de acordo com o que a precede. Não devemos colocar matéria nova na conclusão;
- Simplicidade – É uma parte do sermão que mais exige mensagem clara e objetiva;
- Brevidade;
- Acentuar o que é positivo;
- Deve ser pessoal: usar os pronomes pessoais tu, você;
- Tom amoroso na voz, doce e calma;
- Deve ser vivida e cheia de energia.

3. Tipos de conclusão.

- Aplicação prática – Exemplo: "sermão da Montanha"; Mateus 7:24.
- Ilustração – A ilustração não deve chamar a atenção para se ou para o pregador, mas para a verdade ensinada na mensagem;
- Apelo – O pregador apresenta um desafio ao povo para a ação imediata;
- Poema – Escolher um poema que seja relacionado com aquele sermão;
- Resumo final – Você pode fazer um resumo do texto bíblico utilizado. Enfatizar o título novamente, com a proposição, e recapitular os pontos principais do sermão.

4. Coisas a serem evitadas numa conclusão.

- Nunca pedir desculpas;
- Anedotas;

- Gritaria, exaltação exagerada;
- Evitar gestos que distraiam o povo. Exemplo: Fechar a Bíblia, olhar para o relógio, interromper por causa de uma criança, etc.;
- Variar a conclusão a cada mensagem;
- Nunca acrescentar, impulsivamente, nada de novo ao sermão ou a mensagem.

O APELO.

É aquela parte do sermão que começa logo após a conclusão, quando o pregador explica, com toda a clareza, o que ele entende ser a vontade de Deus o povo diante da verdade exposta na mensagem. O apelo oferece aos ouvintes oportunidade de agir diante da mensagem pregada. O apelo faz parte da mensagem e, também, do culto em si.

1. Justificando o apelo – Convencer os ouvintes não é o suficiente. É necessário completarmos a pregação dando oportunidade para o povo agir diante da pregação. O povo deve saber não apenas a verdade, mas, também, que Deus espera uma atuação diante daquela verdade. Aa ação do povo depende muito do seu estado emocional. O apelo é quando damos a oportunidade ao povo de externar suas emoções de forma sadia, dedicando-se e consagrando- se inteiramente ao Senhor.
2. Fatores que ajudam o regador na hora do apelo.

- O auditório deve ser treinado para respeitar o momento do apelo;
- Planejar o apelo com antecedência: o auditório vai ficar de pé? Iremos cantar um hino?
- Deixar tempo para o apelo, para não fazê-lo com pressa;
- Terminar quando concluir que o Espírito Santo deixou de atuar;
- O pregador deve sentir profundamente o que Deus está falando no seu coração;
- Respeitar o objetivo da mensagem: se consagratória, evangelística;

- Reconhecer que o auditório é composto de vários tipos de pessoas, pelo que, depois do apelo primário, podemos partir para um apelo secundário.

3. Tipos de apelo.

- Manifestação pública, levantando as mãos ou indo à frente;
- Apelar ao povo para fazer uma decisão registrada unicamente entre o individuo e Deus;
- No final do apelo, o pregador pode pedir um momento de silêncio para as pessoas tomarem sua decisão e, então, ele faz uma oração dedicando as decisões a Deus;
- Ele pode pedir aos "decididos", aqueles que realmente fizeram uma decisão em seu íntimo que o procure após o término do culto.

Observação importantíssima – O segredo do apelo é depender exclusivamente do Espírito Santo!

RETÓRICA.

É a arte de falar bem, de modo eloquente.

1. A VOZ.

Uma boa voz ajuda na compreensão da mensagem e na atenção do auditório. A chamada para pregar, inclui a necessidade de cultivar e conservar a voz para este ministério.

a) Qualidade de uma boa voz.

1) Força.

- Ela deve ser suficiente forte para que todos ouçam e possa entender, sem dificuldades;
- eve ser suficiente forte para sustentar um intervalo longo de som sem precisar tomar fôlego;

- Não deve ser tão explosiva ou estridente que fira os tímpanos dos ouvintes, ou seja, das pessoas mais próximas;

2) Pureza de tom – Não pode ser rouca, Não pode ser áspera e nem gaga.
3) Claridade – Pronúncia e velocidade;
4) Naturalidade – Ela é básica e fundamental para uma boa voz.

b) A importância da respiração.

- A respiração para falar é diferente da respiração normal;
- Para fala, deve haver mais controle, ao contrário da respiração clavicular – elevação dos ombros. Ela deve ser abdominal e diafragmática;
- O pregador deve fazer exercícios para aprender a usar o diafragma;
- A respiração para falar deve ser frequente e renovada sempre, antes que se esgote a provisão de ar e o pregador precise interromper a frase para tomar fôlego;
- A respiração deve ser silenciosa;
- A respiração também é uma arte, os cantores sabem muito bem.

2. GESTOS E FONTES DE INTERESSE.

Havendo crescente interesse, aumenta-se a atenção e, daí, podemos conseguir mais. As fontes de interesse são as vias de acesso para se chegar a conseguir a atenção. Cada órgão sensorial é uma porta para se chegar à mente e coração do ouvinte. Um bebê para de char quando vê um objeto estranho balançando diante dos olhos. Assim, a mão do pregador movimentada de lá para cá, seu sorriso ou olhar assaz interessado, sua voz a variar de tonalidade, muitas vezes fazem mais para prender a atenção dos ouvintes do que o significado da mensagem. "A mente atende àquilo que apela poderosamente aos seus sentidos".

O pregador, pela maneira de gesticular, usar sua voz, usar o rosto, a mão, uma pausa repentina, um erguer dos braços, pode fazer fugir o barulho e a confusão, fazendo com que seus ouvintes ouçam e deem atenção ao que está sendo dito. Mostrar um quadro, uma figura, usar uma ilustração forte, atrai o ouvinte mais desatento e desperto o mais apático auditório.

Uma outra fonte de interesse é encontrar uma relação da mensagem com o presente, passado ou futuro do ouvinte, o que os especialistas chama de interesse simpático.

As fontes de interesse variam de acordo com a idade e dos diferentes estágios progressivos do crescimento e da inteligência. Crianças se interessam por coisas concretas e são mais egocêntricas, enquanto o adulto por coisas abstratas e finais.

Visto que a atenção vem depois do interesse, é insensatez querer prender a atenção sem primeiro estimular o interesse.

3. RECOMENDAÇÕES AOS PREGADORES.

- Nunca começar a mensagem sem ter prendido atenção de todos os ouvintes. Preste atenção na fisionomia dos ouvintes para ver se eles estão presentes corporal e mentalmente;
- Parar logo que a atenção deles for interrompida ou perdida;
- Tome cuidado com as fontes de distração, procure reduzi-las ao mínimo;
- Intensificar a atenção, variando a apresentação;
- Lembre-se: os olhos e as mãos são poderosos veículos de comunicação;
- Ardor, paixão, motivação, entusiasmo substituem muitas técnicas.

4. FONÉTICA.

Estuda os sons da fala. A fala deve ser aprimorada pelo falante no sentido de alcançar competências que o possam levar a fazer uso dela com segurança e fluência.

A fonação são os sons produzidos pela corrente de ar espirado pelos pulmões (fonemas). É a produção de fonemas. O órgão sonoro é uma abertura triangular chamada glote, que pode aumentar ou diminuir.

a) Principais requisitos de um som.

- A altura depende do número de vibrações;
- A intensidade é a força com que o som é produzido;
- A quantidade ou duração do som depende do maior ou menor período de tempo, durante o qual se mantém a vibração das cordas sonoras;
- Timbre é a qualidade que nos permite reconhecer a natureza de um objeto sonoro.

b) Amplificação.

O som produzido pela vibração das cordas vocais não é o mesmo que escutamos quando a pessoa fala. A vibração das cordas vocais, que é mais ruído do que propriamente som, passa da laringe, por intermédio da glote, penetrando definitivamente na cavidade bucal, que funciona como um amplificador do som.

c) Articulação.

Deste movimento participam a língua, os lábios, os dentes, o palato e as mandíbulas. A ação combinada e coordenada destes elementos produzem os sons vogais e consonantais para formar as palavras. Assim sendo, quem não articula com perfeição, ainda que tenha boa voz, não terá dicção.

d) Como melhorar a articulação?

- Treinar a audição para perceber as falhas da sua própria articulação;
- Praticar exercícios terapêuticos usando língua, dentes, lábios, etc.;
- Estudar fonética e esforçar-se nas palavras e expressões mais difíceis;
- Um bom exercício é ler em voz alta;
- Um outro é falar em frente ao espelho.

e) A projeção.

Excesso de volume não significa que o orador está sendo ouvido por todos; portanto, projeção não é apenas aumentar o volume. Adquire-se usando o diafragma e a respiração correta.

f) Cadência.

Uma pessoa que nos conta um fato qualquer, de modo algum permanece com a mesma intensidade de som. É esta variedade de elementos que embeleza o som.

- A cadência de falar é determinada pela personalidade do pregador, sendo ele pode trabalhar isso: pelo tamanho da assistência; pela acústica do prédio; pela natureza do sermão. Quando maior a assistência, a velocidade no falar deve se diminuída;
- O uso da pausa deve ser moderado;
- Mudança de ritmo em palavras e frase é sempre recomendada;
- Pensamentos completos não devem ser quebrados.

A regar geral é usar a cadência e mostrar mais vitalidade com articulação objetiva e clara.

5. A DICÇÃO.

Uma boa dicção leva-nos a formar a palavra distinta, correta, expressiva e agradavelmente. Leva-nos a pronunciar os vocábulos com a máxima perfeição mecânica. Atenção especial deve ser dada à articulação de todas as vogais e consoantes; mas, especialmente, às tônicas e às finais. Devemos evitar o corte das últimas sílabas.

A utilidade de uma boa dicção.

1. Utilidade intelectual – Permite que expressemos vocalmente aquilo que o cérebro tem na linguagem mental.
2. Utilidade moral – Os pensamentos do pregador são entendidos claramente, não permitindo confusão.
3. Utilidade pedagógica – Produz eficiência e clareza no ensino.
4. Utilidade social – As posições sociais melhores são ocupadas pelos que melhor sabem se expressar.

5. Utilidade estética – A sensibilidade estética é inerente ao ser humano, Queremos sempre coisas belas. Quando sabemos nos expressar, cativamos as pessoas.

6. A LEITURA PÚBLICA DAS SAGRADAS ESCRITURAS.

É uma das mais sérias fraquezas do púlpito moderno. Eis algumas recomendações:

- Leia a passagem em voz alta;
- O sentimento e tipo de literatura devem ser observadores;
- A passagem deve ser lida interpretativamente;
- O leitor deve identificar-se com o texto;
- Deve prevalecer o espírito de uma conversão animada;
- Deve-se usar inteligentemente a pausa;
- Pela mensagem do texto, o leitor deve determinar quais palavras devem receber mais ênfase;
- É preciso variar a velocidade conforme a natureza da passagem lida.
-

CONCLUSÃO.

Este pequeno curso foi elaborado a partir de algumas anotações de aulas de homiléticas e hermenêutica, ministradas nas aulas dos pastores Gordon Avey, John Barbier e Cláudio Rolim da Fonseca, No Seminário Batista Bíblico do Sul, acrescido de outras pesquisas atualizadas ao longo de meu ministério pastoral como pastor e como professor do Instituo Bíblico Batista Independente e Seminário Bíblico do Sul, Umuarama Pr.

Francisco Gomes Sobrinho.

- Mestrado em Teologia pelo Baptist Bible College West End – E.U.A.
- Bacharel em Teologia pelo Seminário Teológico do Sul – Umuarama – Pr.
- Bacharel em Divindade pelo Instituto Bíblico Batista Independente de Salvador – Ba.

- Licenciatura em Letras pela Unipar (Universidade Paranaense) – Umuarama – Pr.
- Especialização em Pedagogia da Educação.
- Especialização em Filosofia da Educação.

O ACONSELHAMENTO BÍBLICO NO MINISTÉRIO PASTORAL!

OBJETIVO:

a) Capacitar lideres, diáconos, evangelistas e demais membros na supervisão do pastor, transformar a igreja numa comunidade terapêutica;
b) Elevar a igreja a ser, uma enfermaria com sensibilidade de desenvolver habilidades que possa ser o melhor lugar para todos que vierem a congregar nela.

CONTEÚDO PRAGMÁTICO.

1. A importância do aconselhamento.
2. Eu também posso ajudar?
3. A preparação para o ministério de aconselhamento.
4. As atitudes do conselheiro.
5. Como ajudar alguém que está em crise.
6. A auto avaliação do conselheiro.
7. Assistência e visita aos enfermos.

ATIVIDADES PRÁTICAS PROGRAMADAS.

a) Exercitar a prática de ajudas a todos que estiverem necessitando de apoio, amor, carinho e ânimo;

b)

c) Desenvolver o interesse pela busca de poder ajudar aqueles que estiverem naufragando na vida sentimental.

BÍBLICO NO MINISTÉRIO O ACONSELHAMENTO PASTORAL.

1. A IMPORTÂNCIA DO ACOSELHAMENTO BÍBLICO.

Os nossos monstros vêm nos acompanhado desde a infância. Uma pessoa normal não usa mais que vinte a vinte e cinco por cento de todo o seu potencial!

Fantasmas do passado, julgar pelas aparências, querer abraçar o mundo com as pernas, ter medo de errar, tendência para engolir sapos, sonhar alto demais, mania de perfeição, ter sangue quente, tudo pelo trabalho, esperar sempre o pior, baixa autoestima, esses são alguns dos principais problemas emocionais e psicológicos mais comuns listados pela psicologia, que acabam empurrando as pessoas para algum tipo de distúrbio.

Essas são algumas das premissas clássicas da psicologia. Sabemos e reconhecemos o valor do terapeuta profissional habilitado para ajudar nessas áreas; no entanto, sabemos das limitações dos resultados quando o trabalho de ajuda é separado da graça e do poder soberano de Deus. Há recursos na graça e Palavra de Deus que, quando usados na dependência do Espírito Santo, trazem os verdadeiros resultados, pois são permanentes. O psicológico, a psiquiatria diz: Saia do problema! Supere o problema! Deus diz: Dá-me o problema! Saia com a minha ajuda!

Assim sendo, o Aconselhamento bíblico consiste em ajudar ou equipar as pessoas para descobrirem o tesouro que são: foram criadas à imagem e semelhança de Deus. Seu trabalho é ajudar as pessoas a descobrirem os setenta e cinco por cento de recursos faltantes. Eliminarem esses "monstros da infância" e todo e qualquer outro produto do meio e ou da educação. O Aconselhamento bíblico deixa de ser a tradicional procura por um "diagnóstico" do problema e passa a ser a procura da resposta divina.

A igreja de nosso Senhor Jesus Cristo precisa ser uma comunidade terapeuta, um centro de vida abundante; João 10:10; e, neste caso, o conselheiro é o instrumento de Deus para apontar o caminho a cada pessoa; e vida abundante para cada um é algo tão particular como a nossa impressão digital. Esta é a razão porque o púlpito por se só, não pode fazer este trabalho de aconselhamento. Geralmente somos treinados para ver o que há de errado na vida das pessoas; e, neste caso, a eficácia do conselheiro será determinada pela sua capacidade de lutar e vencer esta tendência, assumindo a postura de quem crê na capacidade que cada um tem de aprender e viver da melhor forma possível. Olhar para as pessoas como Jesus olhou nos exemplos de Simão Barjonas. Marta e Maria e tantos outros. O conselheiro precisa olhar para as pessoas sob o prisma do crescimento. Nossa vida espiritual, emocional, psicológica é como a física: necessita de exercícios. O Aconselhamento bíblico se apresenta como um grande desafio a ajudar as pessoas a se exercitarem, elas mesmas, de modo a desenvolverem seus recursos e capacidades naturais: fé, esperança, paciência, autoestima, perseverança, confiança, etc.

Em toda pessoa há um impulso, um enorme desejo natural de tornar-se cada dia melhor, cada dia uma pessoa mais amadurecida psicologicamente e espiritualmente. Não crescer é pecado! Todo crescimento real, significativo (fruto de um descobrimento) vem do Espírito Santo. O grande desafio do conselheiro bíblico é descobrir e impedir ou eliminar tudo aquilo que está impedindo o crescimento espiritual.

2. PRINCIPIOS BÍBLICOS PARA O ACONSELHAMENTO.

"A religião pode ser um meio pelo qual as pessoas possam se encontrar, aqueles que creem, podem ser instrumentos de Deus para consolar uns aos outros".

a) Eu também posso ajudar?

Aconselhamento é a disposição de ficar ao lado de alguém, ajudando-o a encontrar o conselho melhor para que possa lidar de forma mais satisfatória com as dificuldades que surgem na vida. O aconselhamento pode partir das Sagradas Escrituras, do médico, do advogado, do interior da própria pessoa que busca ajuda, pois geralmente, nos momentos de crise, as pessoas perdem a capacidade de ordenar os fatos e ver a realidade. É bom saber que quem aconselha não precisa "dar conselhos". Ele apenas ajuda a própria pessoa a encontrar o conselho necessário para lidar melhor com a sua crise. Aconselhamento acontece quando há um bom relacionamento, boa comunicação e ação satisfatória.

- O relacionamento – O tipo de relacionamento que facilita o aconselhamento é aquele em que há confiança, compreensão e apoio. A confiança existe quando, no aconselhamento, está havendo interação sem imposição de ideias. Ao contrário do que muitos pensam, o bom conselheiro não é aquele que tem todas "as respostas" para todos os problemas dos outros. Antes, essa pessoa será um péssimo conselheiro.
- A comunicação – Há comunicação quando alguém se expressa no desejo de ser compreendido e o ouvinte interpreta bem. No aconselhamento, para que ele seja eficaz, o papel do conselheiro para com o ouvinte é de servir como espelho, refletindo o que está percebendo. Não ficar restrito apenas às palavras; mas aos gestos, à maneira de falar, olhar, expressões faciais, etc.; pois, muitas vezes, a pessoa não diz com as palavras o que realmente precisa dizer.
- A ação – A finalidade do aconselhamento é providenciar uma maneira mais satisfatória de agir. Nos caminhos da vida, a pessoa encontrou barreiras, sentiu-se impedida ou até mesmo vencida e não está

percebendo como sair. O papel do conselheiro é de evitar a tendência natural de oferecer soluções propriamente “dele”, bem como evitar criar dependência no aconselhando. A direção que o aconselhando tomar após o encontro, deve ser fruto de suas próprias iniciativas. Precisa refletir sua própria maneira de agir, de acordo com seu temperamento, seu ambiente, seu nível mental, emocional, físico, espiritual, etc. Qualquer outra maneira de agir será falsa, forçada, inadequada e, provavelmente, vai produzir mais frustração.

b) O preparo para o ministério do aconselhamento bíblico.

Muitas pessoas ao aconselharem, acabam por trazer para si problemas de ordem emocional e espiritual, por não estarem devidamente preparadas. Neste preparo, é preciso; tomar conhecimento de si mesma; tomar conhecimento das várias maneiras de se relacionar com outros; e tomar conhecimento da veracidade de repostas aos problemas da vida.

- Tomar conhecimento de si – É sempre bom conhecer-se a si mesmo, e isso é ainda mais importante no relacionamento de ajuda. A pessoa que procura ajudar, sem saber o que está acontecendo consigo mesma durante p aconselhamento, vai confundir-se com os problemas e sentimentos dos outros em relação aos seus; e vai sentir demais o peso prejudicando-se; ou criará confusão, prejudicando a própria pessoa aconselhada ou outras correlacionadas com o problema. Os problemas, pensamentos, sentimentos e soluções são individuais; mesmo que muitas vezes haja grande semelhança com os do conselheiro. Ela precisa prestar muita atenção e ter muito cuidado para não tentar passar padrões de comportamento que não são condizentes com o aconselhando. Todo conselheiro necessita, também, de um conselheiro.
- Tomar conhecimento das várias maneiras de se relacionar com os outros – Há uma variedade de relacionamentos: família, irmãos na fé, colegas, amigos, conhecidos, etc. Alguns são mais íntimos que outros. Alguns

despertam emoções desagradáveis: tristeza, medo, raiva; ou agradáveis: alegria, prazer, afeto, inclusive sensualidade e sexualidade. Consequentemente, há possibilidade de o conselheiro confundir seus sentimentos em relação à pessoa aconselhada e vice-versa, onde o aconselhando vai ter reações inevitáveis de satisfação, conforto, descanso em relação ao conselheiro, pelo que este precisará acompanhar com profunda lucidez a forma como o relacionamento está prosseguindo entre ambos.

- Tomar conhecimento da variedade de respostas aos problemas da vida – O que todo conselheiro precisa fazer é questionar todos os possíveis caminhos, soluções; mas tomando decisões pelo aconselhando ou impondo soluções. Há pontos de vista diferentes, há até contradições. Quem está certo? Regra geral, há uma variedade de respostas e o aconselhamento tem direito de achar o que é mais certo para si.

c) As atitudes do conselheiro.

Donald kaller, no seu livro "Aconselhamento Cristão", destaca três atitudes que o conselheiro pode manter, a fim de desenvolver bem sua capacidade de ajudar os outros.

- Deixar a pessoa falar – Esta é a primeira atitude. Nem todos têm o dom de ficarem quietos e ouvirem o que o outro está dizendo. Por isso, não incentivam o aconselhando a continuar falando. Interrompem, concordam com a pessoa mesmo antes de ela terminar sua exposição; concluem o assunto para a pessoa, etc. Isso é terrível para quem quer desabafar. Dá a impressão de que a pessoa não nos quer ouvir. É necessário abrir bem o caminho para a pessoa falar e manter sempre aberto este caminho através do silêncio; ou através das palavras que apenas encorajem a pessoa a continuar falando. Ouvir falar exige atitudes corretas; olhar nos olhos, expressão facial harmoniosa, gestos apropriados. Toda atitude do conselheiro é de criar uma situação de confiança, comunicação e apoio.

- Não reagir – Geralmente as pessoas revelam algo que nos surpreende, escandaliza etc. A nossa reação natural é: Como você permitiu isso? Mas como isso aconteceu? Não é possível! Você foi longe demais! Assim não dá! Dentre outras semelhantes. Tudo isso funciona como um balde de água fria na pessoa. Ela, inconscientemente, vai reagir: Ele não vai entender! Eu fui longe demais! E bloqueia a sequência ou não revela fatos mais importantes que poderiam ajudar na solução.
- Deixar a pessoa resolver o seu problema – O problema é individual. Pode ser que seja muito semelhante a um problema que você tem, ou a um que você enfrentou com outros, aconselhando-os. Mas não se confunda: todo problema é diferente, porque as pessoas são diferentes. O problema é da pessoa e a solução será o que a pessoa descobre com a ajuda que você pode dar. Às vezes, você vai descobrir que o problema na realidade é outro. Em todo caso, é muito importante que se esclareça o problema que a pessoa está apresentando da melhor forma possível, bem como o que já foi feito na tentativa de solucioná-lo. Você pode fazer um resumo após a narração do problema pela pessoa, isso ajuda a esclarecer algum ponto duvidoso. Em seguida, você pode fazer colocações do tipo: Bem, não posso dizer-lhe a maneira a melhor de solucionar o seu problema. Apenas posso dizer-lhe como algumas pessoas têm encarado este tipo de problema. Então apresente algumas opções. A pessoa pode dizer: Mas, se você estivesse no meu lugar, o que faria? Gentilmente, diga que cada pessoa enfrenta seus problemas com particularidades próprias e que não adianta tentar imitar ou copiar as soluções de outras pessoas, pois isso em nada a ajudaria a crescer e, também, a aprender solucionar seus próprios problemas. Apenas há opiniões que podem servir de pistas para que a pessoa encontre sua própria solução. Ela ainda pode dizer: Mas não sei o que fazer! Chora,

mostra abatimento, procura envolver você; mas você não deve cair na armadilha. Kaller mostra três vantagens de a pessoa resolver seu próprio problema:

1. Para que aprenda a solucionar os seus problemas futuros. Ela necessita encontrar a solução em Deus!
2. Para que cresça espiritualmente. Ela necessita aprender a se relacionar com Deus!
3. Para que não venha a depender de nós. Ela necessita aprender a depender de Deus!

- Firmeza, sempre – Muitos que trabalham no aconselhamento têm a necessidade de serem "salvadores de vítimas", como observa o psiquiatra Stephen Karpam, criando o que ele chama de "O triângulo Dramático da Vida". A "vítima" quer um "salvador". Quando o "salvador" corresponde às suas expectativas, os dois ficam satisfeitos, embora haja aumento da dependência no relacionamento. Se o "salvador" não atende bem, a "vitima" para criticá-la e mesmo a rejeitar o "salvador", tornando-se "perseguidora" da pessoa que antes vera vista como "salvadora". Pode acontecer, e geralmente acontece de o conselheiro que, antes era "salvador", passar a criticar a "vitima", tornando-se "perseguidor" da pessoa que pretendia salvar. As três atitudes apresentadas irão ajudar a conselheiro a não entrar no "Triângulo Dramático" de "vitima", "salvador" e "perseguidor". Mantenha-se firme no propósito de levar a pessoa a encontrar sua própria solução para seu próprio problema. Isso é mais sério do que você pensa. Isso está acontecendo todos os dias nos aconselhamentos. Essas posturas são tentadoras, especialmente para quem não está com seu interior em ordem, resolvido.

3. COMO AJUDAR ALGUÉM EM TEMPO DE CRISE.

Aqui está um método de aconselhamento de pessoas em tempo de crise que sido muito eficiente; sendo instrumento útil para auxiliar a si mesmo, um amigo, ou qualquer pessoa que procure sua ajuda. O método consiste em fazer quatro coisas:

1) Alcançar um relacionamento.

- Ouça com interesse o que a pessoa está sentindo e experimentando, deixe o "amor ouvir".

Verifique se o que você entendeu é o que a pessoa realmente quis dizer (muitas vezes, mais importante é o que a pessoa não disse, mas deixou a entender).

- Deixe a pessoa sentir seu calor humano e seu interesse por ela;
- Peça para ela lhe falar sobre a crise: Quando começou, como se desenvolveu, como se sente naquela situação.
- Encoraje a pessoa sempre que possível, isto é, mostre que você apreciou sua força de vontade em procurar ajuda e em suportar o peso da crise.
- Encare a pessoa como alguém que está habilitada a enfrentar a crise crescer como consequência do enfrenta-la de forma criativa.
- Mostre à pessoa que uma crise é a melhor oportunidade para nosso crescimento espiritual.

2) Caracterizar o problema.

Como conselheiro, você precisar separar as partes principais do problema.

- Ajude ao aconselhando a identificar as partes principais do problema, separando aquelas a respeito das quais a pessoa pode fazer algo, daquelas sobre as quais nada pode ser feito, não desperdice energia e tempo com as últimas.
- Ajude a pessoa a escolher uma parte para tratar primeiro.

- Leve a pessoa a descrever o que já fez para solucionar aquela parte do problema, não se detenha naquelas coisas que não funcionaram.
- Anime a descobrir outras possíveis soluções;
- Ajude a examinar cada possível solução em termos de prováveis consequências, o que provavelmente acontecerá se você...?
- Ajude a pessoa a decidir qual das alternativas ela quer tentar agora.
- Discuta todos os recursos da pessoa: as coisas que podem lhe servir de ajuda, que podem ajuda-la a superar o problema: força interior, amigos, famílias, dentre outras.
- Insista em estimular os esforços da pessoa em enfrentar a crise, expressando a apreciação pelos pequenos passos dados para lutar responsavelmente.

3) Desafiar a pessoa a agir.

- Encoraje a pessoa a planejar como abordar aquela parte do problema que decidiu atacar.

O plano deve ser realista, com pequenos alvos possíveis de serem alcançados.

- Encoraje um compromisso cem desenvolver o plano de ação, iniciando logo, com um prazo realista e com o qual a pessoa esteja de acordo.
- Se a pessoa resiste em começar a tratar o problema, ajude-a superar os bloqueios.
- Assegure ao individuo que você continuará a interessar-se, e estará disponível como alguém que se preocupa com ele e seu problema; enquanto estiver se esforçando para executar seu plano. Ampare a pessoa em crise com esperança realista. Use recursos bíblicos para fortalecer seu senso de responsabilidade, com força e apoio de outras pessoas e de Deus.

- Não concorde em fazer nada que o próprio individuo possa fazer, se necessário. A personalidade é como um músculo – exercício é o que a fortalece.
- Mostre que quando uma pessoa começa a fazer algo, ainda que pequeno para melhorar a situação, ela se sente melhor – começará a se sentir menos deprimida, mais otimista, com mais autoestima.
- A tendência no aconselhamento é a pessoa logo fazer esta pergunta: O que fazer diante deste problema? Você deve responder: Eu poderia dizer, no entanto, se eu fizer isso, você deixará de crescer; pelo que prefiro trabalhar com você, até chegarmos, juntos, a um ponto em que você mesma tome a decisão, isso irá enriquecê-la e aumentar sua capacidade de resolver muitos outros problemas.
- Surgira à pessoa que lhe telefone, para informar como está indo o plano de ação. Marque uma data próximo para vê-la de novo.
- Ajude o individuo a mobilizar seus recursos para enfrentar o problema espiritual, interpessoal, interior, prático.
- Insista em encorajar a pessoa! Expresse apreciação por qualquer coisa que ela fizer para superar, responsavelmente, a crise.
- Fale sobre as possibilidades de crescimento quando se enfrenta o problema com sucesso.

4) Desenvolver um plano contínuo de ação-crescimento.

- Nos encontros subsequentes, deixe a pessoa descrever o que aconteceu, apreciando sucessos no empreender o plano de ação, por pequenos que sejam.
- Ajude a pessoa a estabelecer os próximos alvos de ação para enfrentar outras crises; ou melhor, outras partes das crises. Qual será o próximo passo? Retome as partes 2 e 3, se for necessário, para ajuda-la a continuar enfrentando, de fato, o problema;

- Diga à pessoa que quanto mais seriamente se enfrenta um problema, mais fácil se torna resolvê-lo; porque se exercitando os músculos, se ganha força e esperança – esperança realista que cresce na medida em que o poder de luta é usado, tornando-se maior.
- Encoraje a pessoa a abrir-se, para ajudar a ser ajudada por outros que experimentaram crises semelhantes.
- Ajude a pessoa a participar de algum grupo de ajuda mútua existente; Ex; grupo de pessoas enlutadas, dentre outros.

Este método pode ajudar a pessoa em crise, por devolver a ela a esperança – pela ação – ajudando-a a encontrar – pela ação – o uso das forças que, ação divina, já estão dentro dela; ao mesmo tempo em que desenvolve a autoestima e autoconfiança.

Não se esqueça de orar com a pessoa, antes e depois do aconselhamento; bem como reforçar seus argumentos com a palavra de Deus, permitindo uma ação maior do Espírito Santo. Peça a Deus sabedoria, discernimento e unção; pois no aconselhamento pastoral os recursos da graça de Deus são elementos fundamentais: oração, confissão, perdão, leitura da Palavra. Ele é o enfoque de todos os problemas, básicos da natureza humana a partir das Sagradas Escrituras, da vontade de Deus, dos princípios bíblicos.

O aconselhamento Pastoral deve auxiliar o individuo a alcançar o conhecimento e a aceitação de si mesmo, capacitando-o a poder lançar mão de opções alternativas e bíblicas na solução dos problemas, oferecendo oportunidades de escolher e agir. A pessoa é o centro, e não seus problemas. Um grande passo no aconselhamento pastoral é dar respostas e esclarecimentos quanto a questões bíblicas.

ELEMENTOS IMPORTANTES NO ACONSELHAMENTO PASTORAL.

- Relações interpessoais;
- Compreensão;

- Empatia entre conselheiro e aconselhando;
- Respeito;
- Aceitação.

4. AUTOAVALIAÇÃO DO CONSELHEIRO.

Estes itens ou questionamentos ajudarão o conselheiro a compreender suas próprias atitudes e sentimentos, enquanto tenta ajudar outras pessoas em entrevistas de aconselhamento, bem como isso afeta seu trabalho. Não há respostas certas ou erradas; mas apenas graus de intensidade, maturidade, sensibilidade do seu preparo para exercer esse papel. Também servirão como elemento propulsor para seu autoconhecimento e crescimento pessoal enquanto ajuda as pessoas; sendo fundamental que você discuta com seu professor, seus conselheiros alguns itens que possam provocar algum constrangimento interior, consciência.

1. Você consegue vê cada individuo, incondicionalmente, como peça de grande valor?
2. Você dá prioridade à necessidade humana acima de todos os outros assuntos?
3. Você tem atitudes de aceitação genuína para com as pessoas que discordam de sua posição teológica, espiritual, moral?
4. Você tem atitudes de aceitação genuína para com as pessoas cujo comportamento não possa aceitar? Cuidado com as “transferências” inconscientes de situações particulares.
5. Você pode compreender como uma outra pessoa se sente?
6. Você trata o aconselhando como um ser igual a você, como seu par?
7. Você pode manter concentração em uma pessoa e nos problemas dela?
8. Você permite que o aconselhando conte sua própria história ao seu próprio modo?
9. Você tem o cuidado de não despertar ansiedade demasiada de uma só vez?

10. Você evita a tendência a pesquisar ou sondar miudamente as informações apenas por curiosidade?
11. Você consegue escutar mais do que falar?
12. Você define bem o seu papel de tal maneira que o aconselhando compreenda a natureza e as finalidades do processo de aconselhamento? O aconselhamento eficaz, seja pastoral ou geral, deverá resultar em desenvolvimento positivo no processo total de crescimento do individuo.
13. Você utiliza perguntas periódicas de revisão ou verificação para ter a certeza de que está sendo conseguida a verdadeira comunicação? As palavras tem o mesmo sentido para ambos?
14. Você entende o mau ajustamento ou mau comportamento como sintoma de necessidade?
15. Você leva em consideração que todo comportamento tem uma finalidade; que, portanto, precisa ser entendido como o esforço para satisfazer necessidades não atendidas?
16. Você age baseado no conceito de que as pessoas tem dentro de si capacidade de mudar, amadurecer, melhorar, crescer?
17. Você age baseado no conceito de que as pessoas são capazes de dirigir as suas próprias vidas, de tomar as suas próprias decisões?
18. Você reconhece que todas as pessoas têm diferenças de habilidades, de antecedentes e interesses, e precisam ser tratadas de acordo com essas diferenças?
19. Você usa linguagem que os aconselhando possa compreender?
20. Você observa todos os sinais não verbais de comportamento?
21. Você tem quaisquer inclinações teóricas ou ideológicas que influam na sua avaliação de uma situação?
22. Você reforça cada manifestação que indique atitudes e comportamentos mais sadios?
23. Você se mantém atento para manifestações de transferência?

24. Você se mantém atento para manifestações de contratransferência?
25. Você usa experiências pessoais como ilustrações?
26. Você busca ajuda de algum supervisor ou especialista, ou de alguma organização, se acha que são mais qualificados para lidar com a situação do que você?
27. Você crê que Deus realmente se preocupa com essas pessoas?
28. Você utiliza recursos religiosos, tais como a oração e as Sagradas Escrituras?
29. Você discute com os aconselhados as suas ideias ou interpretações religiosas dos problemas da vida?
30. Você é honesto em todo o seu procedimento com o aconselhado?
31. Você guarda todas as informações de maneira estritamente confidencial? (Integridade. Cuidado com as ilustrações).
32. Você promete êxito no aconselhamento? (Não depende de você!)
33. Você tem o cuidado de apenas dar informações que sejam bem certas e recentes?
34. Você tem muita confiança nos métodos que utiliza?
35. Você está disposto a se esforçar por longo período de tempo com uma pessoa, mesmo que pouco progresso evidente seja conseguido? (Nosso exemplo é Jesus!)
36. Você sente êxito em todas as situações de aconselhamento? (Neste ministério, não deve haver fracasso!)
37. Você tem percepção bem compenetrada de suas próprias necessidades e limitações? (Aqui está sua grandeza!)
38. Você se aceita a si mesmo tal como é? (Isso deve ser a chave!)
39. Você pode manter-se no objetivo quando está discutindo assuntos emocionais? (Não podemos perde a objetividade no aconselhamento).
40. Você pode desprender-se das distrações, de outras responsabilidades e de outros interesses quando está orientando alguém?

41. Quando você está aconselhando pessoas, sente que essa é a coisa mais importante que poderia estar fazendo?
42. Você tenta impressionar o aconselhando com os seus conhecimentos ou sua autoridade? (Isso é perigoso, imaturidade e fraqueza).
43. Você se torna impaciente ou hostil com alguns aconselhados?
44. Você tem a tendência de passar sermões?
45. Você é capaz de aceitar reveses sem se sentir perturbado e ofendido? (Essa é a importância de se usar princípios bíblicos. Não nos perturbamos com aparências).
46. Você insiste em que os alvos das pessoas para si mesmas estejam de acordo com os seus próprios alvos para elas/ (Cuidado com a imposição, querer dirigir a vida das pessoas).
47. Você, às vezes, domina ou manobra os aconselhados?
48. Você se sente à vontade aconselhando pessoas mais velhas do que você?
49. Você se sente à vontade aconselhando pessoas mais novas do que você?
50. Você se sente incomodado quando o aconselhando se manifesta muita hostilidade?
51. Você se sente incomodado se o aconselhando estiver discutindo assuntos relacionados a sexo?
52. Você se sente à vontade aconselhando alguém cuja formação religiosa seja muito diferente da sua?
53. Você se sente incomodado se o aconselhando atacar a sua posição religiosa?
54. Você se sente incomodado quando o aconselhando quer discutir ou contestar?
55. Você se sente à vontade e livre de tensão durante as entrevistas?
56. Você é capaz de dar a impressão de não ter pressa?
57. Você se sente incomodado durante as pausas demoradas?

58. Se você faz anotações durante as entrevistas, explicar por quê?

5. VISITAÇÃO E ASSISTÊNCIA AOS ENFEROMOS.

a) Estar doente significa perder.

- Perder espaço;
- Perder o controle dos que invadem seu espaço;
- Perder o controle de seu tempo;
- Perder o controle de seu próprio corpo;
- Perder o contato com as pessoas;
- O resultado: Solidão, tristeza, irritabilidade, sentimento de invalidez, ansiedade, depressão; etc.

b) A visita deve ser sempre espiritual e não social.

- Focalizar o paciente;
- Escutá-lo atenciosamente;
- ceitar o paciente com suas dúvidas, problemas, desabafos, tensões; etc.
- Evitar expressar os deveres do crente, acentuando mais as promessas;
- Dar conforto com sua compreensão e amor;
- Ajudar o paciente com uma leitura bíblica adequada, um medicamento muito breve, se a condição do paciente suportar;
- Tratar das áreas afetadas: culpa, medo, raiva, pecado não confessado, amargura, ira, etc.

c) Observações importantes.

- Dar tempo ao paciente antes da leitura bíblica e oração;
- Não ficar preso a um esquema de aconselhamento.
- Toda leitura e oração devem ser particulares, direcionadas às necessidades do paciente;

- Não ultrapassar cinco minutos para tudo isso: leitura, meditação e oração;
- Evite a oração congregacional: "nós" substituídos pelo nome do paciente.
- Use voz suave, suficiente para ser ouvida pelo paciente e que não perturbe quem está ao lado, caso seja um hospital;
- Em muitos casos, tocar o paciente enquanto ora é aconselhável, pois produz efeitos tremendamente positivos, desde que não haja constrangimento.

d) Quando deve se visitar.

- Quando a pessoa estiver para morrer, dar prioridade a ela e aos familiares; quando já morreu, aos familiares;
- Em ataques cardíacos, acidentes, os cuidados médicos vêm em primeiro plano e a assistência espiritual deve ser voltada à família; nas operações cirúrgicas, essa assistência dever vir antes;
- Não visitar na hora do banho, refeição, visita médica, etc. Respeitar a rotina hospitalar e familiar.
- Não criar caso com as regras do hospital. Se necessário, procure a administração do hospital.
- Cuidado para não querer fazer um culto;
- Não visitar em grupos;
- Não fazer pregação, contar história ou cantar hinos;
- Não levar instrumentos;
- Respeitar os direitos dos outros pacientes que estão no mesmo quarto ou ao lado;
- Avalie a situação geral do paciente logo ao chegar para planejar sua vida.

CONCLUSÃO.

Este material foi preparado a partir das aulas de Conselhos Práticos do Pastor Richard Buck, e algumas referências do livro "Cuidados Pastorais em hora de Crise", Juerp 1991, Jack Newberry Young, Dr. Howard Clinebell Ph, D., e algumas adaptações Gomes Francisco Gomes, livro "A Pastoral Counseling do Dr. C. W.Brister e alguns artigos publicados na Revista Administração Eclesiástica.

es

- Mestrado em Teologia pelo Baptist Bible College West End – E.U.A
- Bacharel em Teologia pelo Seminário Teológico do Sul – Umuarama – Pr.
- Bacharel em Divindade pelo Instituto Bíblico Batista Independente de Salvador – Ba.
- Licenciatura em Letras pela Unipar (Universidade Paranaense) – Umuarama – Pr.
- Especialização em Pedagogia da Educação.
- Especialização em Filosofia da Educação.

DADOS BIBLIOGRÁFICOS.

- EVANS, William, EXPOSIÇÃO DAS GRANDES DOUTRINAS DA BÍBLIA. Editora IBR, 2002.
- BERTUNE, Genevaldo. Pr. Editora Koinonia, EU, UM LÍDER!
- Bíblia Vida Nova, Editora Vida Nova.
- Bíblia Anotada, Versão Almeida, Revista e Atualizada.
- THOMPSON Frank Charles D.D., Ph.D. Bíblia de Referência Thompson, Edição Contemporânea.
- KEMP. Charles F. Kemp. Dr. "A pastoral Couseling Guidebook".

Francisco Gomes Sobrinho

ÍNDICE

Printed by Books on Demand GmbH, Norderstedt / Germany